HONIG

| für Genießer |

HERSTELLUNG – VERKOSTUNG – REZEPTE

Originaltitel: *Les merveilles du Miel*

© Tana éditions, eine Marke von Édi8, 2017

Für die deutsche Ausgabe:

WS White Star Verlag® ist eine eingetragene Marke von White Star s.r.l.

© 2020 White Star s.r.l.
Piazzale Luigi Cadorna, 6
20123 Mailand, Italien
www.whitestar.it

Übersetzung: Annette Ostlaender
Redaktion Deutschland: Petra Hirscher

Alle Rechte vorbehalten. Kein Teil des Werkes darf in irgendeiner Form (durch Fotokopie, Mikrofilm oder ein ähnliches Verfahren) ohne die schriftliche Genehmigung des Verlages reproduziert oder unter Verwendung elektronischer Systeme verarbeitet, vervielfältigt oder verbreitet werden.

ISBN 978-88-6312-429-3
1 2 3 4 5 6 24 23 22 21 20

Gedruckt in Kroatien

HONIG

für Genießer

HERSTELLUNG — VERKOSTUNG — REZEPTE

Text: Camille Labro

Verkostung: Julien Henry von der Maison du Miel

Rezepte: Noémie Strouk

Fotografien: David Bonnier

Foodstyling: Camille Lefort

INHALT

6
HERSTELLUNG

24
VERKOSTUNG

98
REZEPTE

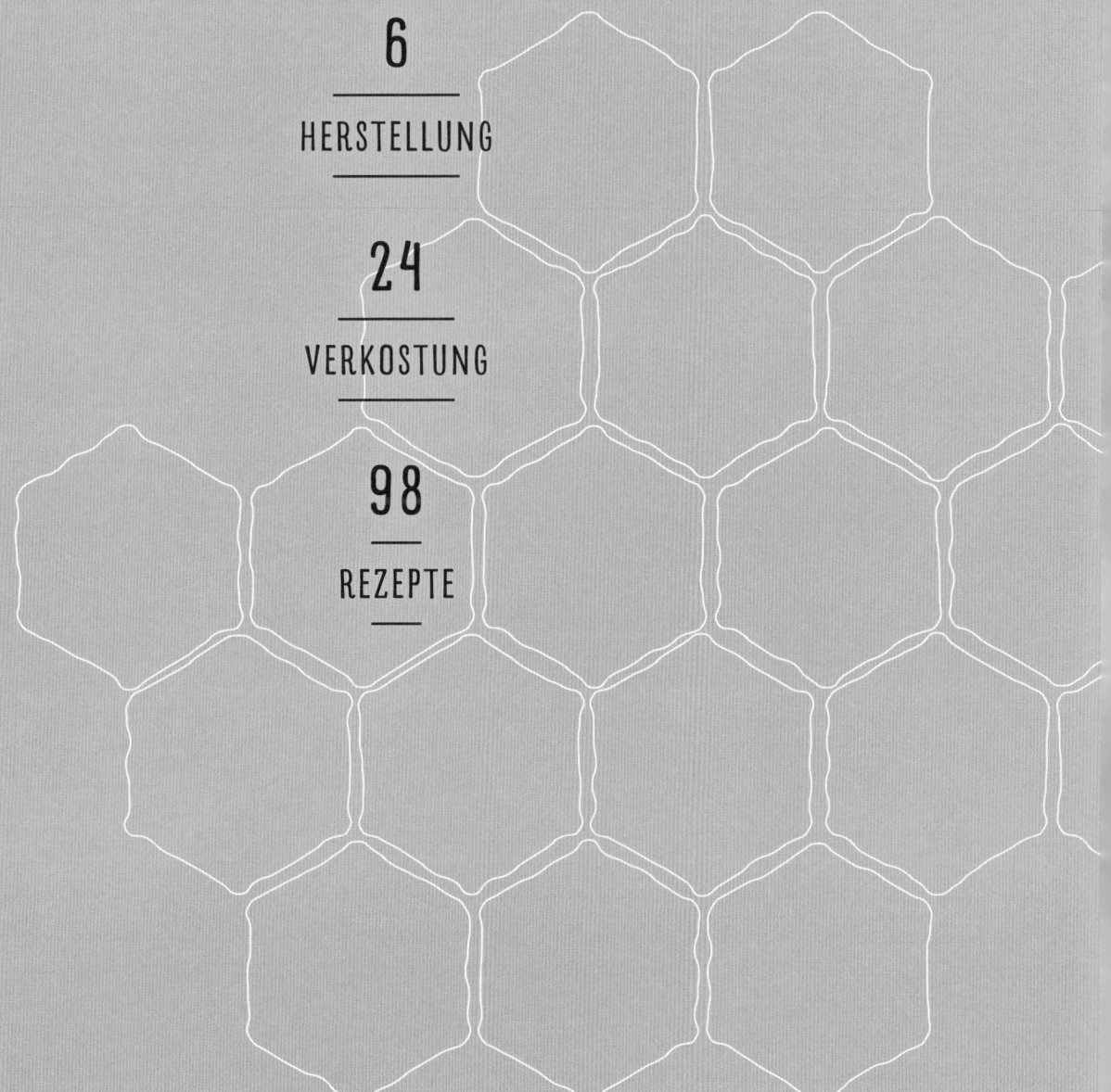

HERSTELLUNG

VON CAMILLE LABRO

Honig, diese verführerisch süße, goldgelbe, klebrig-seidige Substanz verzaubert uns alle schon seit unserer Kindheit. Man kann ihn auf Toast, in Joghurt, in vielen Getränken oder Kuchen genießen … oder einfach von einem Löffel naschen. Honig darf in keiner Speisekammer, auf keinem Frühstückstisch und in keinem Vorratsschrank fehlen. Er ist der viel gesündere Urahne des Zuckers, eine Zutat, die es schon alten Zivilisationen ermöglichte, sich gesund zu ernähren, Süßspeisen herzustellen und sich vor allem dank seiner zahlreichen therapeutischen, antiseptischen und antibakteriellen Eigenschaften zu pflegen, zu immunisieren und nicht zuletzt auch zu heilen.

Aber was wissen wir eigentlich wirklich über Honig? Je mehr ich mich mit diesem Thema befasste, je mehr Informationen ich also über den Bienenstock und das Leben der Bienen sammelte, umso klarer wurde mir, wie unwissend ich tatsächlich war. Das Universum der Bienen ist unglaublich komplex. Ihre Welt ist strukturiert, reguliert, perfekt organisiert, mathematisch und instinktiv zugleich, dabei so zerbrechlich wie stark, aber vor allem wertvoll für Mensch und Natur. Man kann über diese Spezies nur ins Schwärmen geraten. Doch ich wage zu bezweifeln, ob man jemals alle Zusammenhänge vollständig verstehen wird!

DAS ERGEBNIS UNERMÜDLICHER ARBEIT

Den ersten Kontakt mit Bienen knüpfen wir meist über deren Honig. Man bietet Ihnen Blütenhonig an – Akazien-, Kastanien oder Lavendelhonig vielleicht – Sie essen ihn genussvoll, ohne auch nur einen Gedanken daran zu verschwenden, wie viel Arbeit hinter diesem wunderbaren Lebensmittel steckt. Obwohl es unmöglich ist, den Umfang dieser Arbeit genau zu beziffern, schätzt man, dass jede Biene in den fünf bis sechs Wochen ihres Lebens nicht mehr als ein Gramm Honig produziert. Es braucht also Tausende von Kolleginnen, rund 17 000 oft mehrere Kilometer lange Reisen, den Besuch von fast 9 Millionen Blüten und mehr als 7000 Arbeitsstunden, um 450 Gramm Honig herzustellen. Allein in Deutschland beträgt der jährliche Honigverbrauch pro Kopf 1,09 Kilogramm. Das gibt Ihnen vielleicht eine Vorstellung davon, wie hart sich diese unzähligen fleißigen, kleinen Tierchen für unseren Genuss abmühen! Dafür verdienen sie unsere größte Bewunderung, oder?

Linke Seite.
Ein Bienenstock, das Herzstück der Imkerarbeit.

1. Ein dicht bevölkerter Wabenrahmen – Zeichen eines lebendigen Bienenstocks.

Honig ist das Ergebnis eines erstaunlich sorgfältigen Verfahrens: Jede nach Nahrung suchende Biene sammelt Pollen und Nektar von den Blüten. Die Pollenkörner bleiben an ihren Beinen haften, wodurch weitere Blumen bestäubt werden. In erster Linie geht es der Biene aber um den Nektar, mit dem sie den Energiebedarf ihres Volkes deckt. Sie saugt ihn mit ihrem Rüssel auf und speichelt ihn dabei mit Sekreten aus ihren Drüsen ein. Der Tropfen passiert die Speiseröhre und gelangt in die Honigblase, die etwa 30 Milligramm Nektar fasst. Zurück im Bienenstock gibt sie diese Nahrung durch Trophallaxis an eine Empfängerbiene weiter, die sie wiederum an andere weitergibt. Der so „fermentierte" Nektar lagert sich in den Alveolen ab und wird dann durch „Kühlerbienen", die mit ihren Flügeln schlagen, langsam entwässert, bis der Wasseranteil genau 18 Prozent beträgt. Der fertige Honig wird dann vorsichtig in Zellen gefüllt, die mit Wachs versiegelt werden. So kann er nahezu unbegrenzt aufbewahrt werden. Honig ist reich an Proteinen, Mineralien und Hefen und dient als Nahrung für die gesamte Kolonie. Ein fürsorglicher Imker wird das Bienenvolk so selten wie möglich stören und nur den Honig entnehmen, den die Tiere nicht selbst benötigen, den Honig also, den sie im Honigdepot, das der Imker über dem zentralen Bienenstock angelegt hat, lagern.

Seit ich um die Zusammenhänge weiß, hat sich mein Honigkonsum verändert. Dieses Lebensmittel ist unglaublich wertvoll, luxuriöser als Trüffel oder Kaviar – ein echtes Wunder der Natur. Es ist buchstäblich flüssiges Gold. Zunächst verstand ich überhaupt nicht, warum Honig so preiswert ist. Dies wurde mir erst allmählich klar: Wenn man berücksichtigt, dass deutsche Imker im Jahr weniger als 30 000 Tonnen Honig produzieren, kann ein Großteil des Honigs, den wir in den Regalen unserer Supermärkte finden, nur wenig mit dem Nektar zu tun haben, den unsere kleinen Bienen hierzulande produzieren. Der Markt wird mit gefälschtem Honig überschwemmt. Synthetisch im Labor hergestellt, vermischt, verdünnt oder mit Zucker, Stärke, Saccharose verlängert. Am besten kauft man seinen Honig bei einem regional ansässigen Imker. Lassen Sie die Finger von den Gläsern im Supermarkt. Echter Imkerhonig kostet zwar mehr, doch die Bienen und ihre Imker sollten es uns wert sein.

IMKER VON BERUF

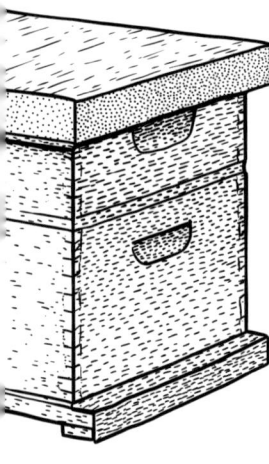

Bienenzucht kann man als Hobby oder hauptberuflich ausüben, aber es ist eine schwierige und nicht ungefährliche Angelegenheit. Man läuft Gefahr, gestochen zu werden, muss auch bei starker Hitze einen von Kopf bis Fuß reichenden Imkeranzug zu tragen, schwere Wabenrahmen, Honigdepots und andere schwere Dinge herumschleppen und nicht zuletzt eine Art Logbuch führen, Viren und Parasiten bekämpfen, Felder und Wälder durchstreifen, um die eigenen Bienenstöcke zu besuchen, auf Dächer und mitunter auch auf Bäume klettern und andere ungewöhnliche Orte aufsuchen … Der Imkerberuf ist anstrengend und vielseitig. Man muss ihn und die Tiere wirklich lieben.

Als erstes ist mir die Verbundenheit der Imker mit den Bienen und ihrem kleinen Universum aufgefallen. Diese Menschen haben sich vor allem aus Leidenschaft für die Imkerei entschieden. Sie sind etwas Besonderes, weder richtige Bauern noch reine Züchter oder gar Hirten, sondern ein wenig von allem. Ein guter Imker sollte nicht nur ein ausgezeichneter Botaniker sein, der die spezifischen Beziehungen zwischen Insekten und Pflanzen versteht, sondern auch ein hervorragender und entscheidungsfreudiger Beobachter, der, ohne sich zu sehr einzumischen, den Bienen bei ihrer Vermehrung zur Seite steht. Er ist zudem ein überzeugter Humanist, der sich um das Schicksal seiner Bienenvölker, das der Menschen und seines Umfelds kümmert. Heute spielt die Imkerei mehr denn je eine entscheidende Rolle für das Überleben vieler Arten, dem der Bienenvölker und unserem.

VERANTWORTUNGSVOLLE IMKEREI

Bruno Cochet, ein „vielbeschäftigter" Imker in Nordfrankreich, weiß das besser als jeder andere. Der ehemalige Stadtgärtner ist seit fünf Jahren Imker und betreut heute 230 Bienenstöcke. „Ich bin ein Glückspilz", sagt er, als er mich mit zu seinen Bienenvölkern nimmt, „ich habe einen guten Platz für meine Bienenstöcke gefunden, ein Jagdgrundstück, das früher eine alte Gießerei beherbergte. Dort habe ich Bienenstöcke eingerichtet. Die Pacht bezahle ich mit meinem Honig." Dann öffnet der stämmige, dunkelhaarige Mann ein altes Tor und steuert seinen kleinen Lieferwagen über einen steinigen Weg in einen Wald. Die Qualität seines Honigs muss hervorragend sein, denn man braucht nur die Luft einzuatmen und sich ein wenig umzuschauen: Alles ist dicht bedeckt mit Blüten, die Bäume, der Boden, vielfältig und voller Leben.

1. Die Königin, umgeben, beschützt und ernährt von ihrem Hofstaat.

2. Der Raucher, das unentbehrliche Werkzeug des Imkers für die Arbeit am Bienenstock.

3. Gutes Holz ist für die Herstellung eines soliden Bienenstocks unabdinglich.

Bruno Cochet, französischer Imker, Bienenstöcke auf einer Waldlichtung

Schließlich gelangen wir zu seinen Bienenstöcken auf einer von Bäumen umstandenen kleinen Wiese. Sie ist übersät mit Feldthymian, einer wilden Sorte, in die die Bienen geradezu vernarrt sind. Bruno zieht jetzt seinen Overall an. Aber er benutzt keine Handschuhe, während er an seinen Bienenstöcken hantiert: „Das sind Buckfastbienen, eine sehr freundliche Hybridsorte, die für die Imkerei gezüchtet wurde und menschliche Eingriffe problemlos akzeptiert." Heute wird Bruno nicht gestochen, was natürlich nicht immer der Fall ist: „Ich bin Hunderte Male gestochen worden, aber das ist nicht schlimm. Im Gegenteil: Es lindert meine rheumatischen Beschwerden und mein Karpaltunnelsyndrom." Lachend fügt er hinzu: „Sogar ihr Gift ist für uns wohltuend!"

In nur wenigen Stunden habe ich viel von Bruno gelernt. „Wir produzieren hier Wiesen- und Waldhonig. Nun ja, ein wenig Stadthonig ist auch dabei, denn der Ort ist ja nur 1 Kilometer entfernt. Durch die Pflege städtischer Grünflächen entwickelte Bruno allmählich seine Leidenschaft für die Bienen und die besondere Beziehung zwischen Tieren und Pflanzen. Natürlich geht es ihm in erster Linie um die Herstellung von Honig. Aber er zieht auch Bienenvölker mit ihren Königinnen auf und beteiligt sich damit aktiv an der Diversifizierung seiner Umwelt „Neben Ernte und Verkauf von Honig hat der Imker viele weitere Verantwortlichkeiten: Er muss vorausdenken, Standorte untersuchen und giftige Bereiche für seine Bienenstöcke meiden, Wassertröge installieren, um zu verhindern, dass die Bienen kontaminiertes Wasser trinken, sowie mit Biobauern zusammenarbeiten. Wir setzen Bienen bei Nutzpflanzen wie Luzerne, Raps, Rot- oder Weißklee, Phacelia oder Esparsetten ein ... ohne die Bienen würden Ertrag und Qualität viel geringer ausfallen."

1. Beobachtung und Vorausplanung sind wesentliche Voraussetzungen für die Bienenzucht.

2. Die Aufzucht von Königinnen sichert den Fortbestand der Bienenvölker.

DAS LEBEN DER BIENEN

Ein Bienenstock ist bis ins kleinste Detail durchgeplant und organisiert. Diese großartigen Wesen verdienen unsere uneingeschränkte Bewunderung. Ein Bienenvolk der *Apis mellifera* kann im Winter bis zu 20 000 und im Sommer, der Zeit der größten Aktivität, bis zu 70 000 Individuen umfassen: hauptsächlich Arbeiterinnen, einige hundert Männchen oder „Drohnen" und eine Königin. In dieser matriarchalischen Gesellschaft hat jede Biene je nach Alter eine bestimmte Aufgabe, sodass sie im Laufe ihres geschäftigen Lebens bis zu zehn Funktionen übernehmen kann. Es gibt Hausfrauen (die jüngsten), die die Zellen sauber halten; Pflegekräfte, die Larven und Nymphen füttern; Lagerarbeiterinnen, die den Nektar in Honig umwandeln und verstauen; Baumeisterinnen, die aus dem Wachs Waben errichten; Wachen, die für die Sicherheit des Bienenstocks verantwortlich sind; Sammlerinnen, die unglaubliche Entfernungen zurücklegen, um Nektar, Pollen und Harze (zur Herstellung von Propolis) einzusammeln. Männchen werden in geringer Zahl toleriert, um im Winter die Brut warm zu halten oder im Sommer zu lüften. Gibt es zu viele Drohnen oder wird das Futter knapp, werden sie von den Arbeiterinnen enthauptet und einfach hinausgeworfen. Die Aufgabe der Königin, um die sich im Grunde alles dreht, besteht ausschließlich darin, unentwegt Eier zu legen, und zwar 2000 bis 3000 Eier pro Tag!

Die Entwicklung der Königin allein ist schon ein kleines Wunder: Alle Larven werden drei Tage lang mit Gelée Royale gefüttert, einer Substanz, die von den Futtersaftdrüsen der Ammenbienen abgesondert wird und reich an Aminosäuren, Spurenelementen, Vitaminen und antibakteriellen Parabenen ist. So können die Larven ihr Gewicht innerhalb von drei Tagen vertausendfachen. Die Larven, die dann als mögliche Königinnen ausgewählt werden, kommen zwei weitere Tage in den Genuss der Gelée-Royale-Diät. Das verändert sie vollständig, ihr Hinterleib wird länger und entwickelt eine enorme Eiablagefähigkeit. Ihre Lebenserwartung erhöht sich auf 3 bis 5 Jahre, dem 20- bis 25-Fachen einer Arbeiterin. Man kann also die Faszination, die das Gelée Royale auf manche Menschen ausübt, durchaus verstehen. Die erste Königin, die ihre Zelle verlässt, wird ihren Stachel (der im Gegensatz zu dem der Arbeiterinnen mehrfach verwendbar ist) einsetzen, um alle anderen potenziellen Königinnen auszuschalten.

Nach ein paar Tagen der Ruhe führt die jungfräuliche Königin nun ihren „Hochzeitsflug" durch. Dies findet nur einmal in ihrem Leben statt. Die Beschreibung, die Bruno Cochet mir gegeben hat, klingt wie ein Traum: „Die jungfräulichen Königinnen lassen sich an sogenannten Drohnensammelplätzen, die manchmal ziemlich weit von den Bienenstöcken entfernt sind und an denen sich Tausende Männchen versammeln, befruchten. Man weiß weder, wie diese Gebiete ausgesucht werden noch wie die jungen Königinnen sie finden. Einige dieser Orte sind allerdings seit über 250 Jahren bekannt. In gewisser Weise sind dies die „Nachtclubs" der Bienen, in denen sich Königinnen im Flug mit 10 bis 20 Drohnen nacheinander paaren, was unter anderem die Inzucht innerhalb eines Volkes verhindern soll. Die Drohne, die weder einen festen Bienenstock noch eine andere Rolle als die Befruchtung hat, wird nach der Ejakulation sterben. Die besamte Königin aber kann mehrere Jahre lang Dutzende verschiedener Spermien lagern. Nur aus befruchteten Eiern entstehen Weibchen. Die Arbeiterinnen können auch Eier legen, aber aus ihren unbefruchteten Eier schlüpfen nur Männchen. „Die Fortpflanzung der Bienen ist einer der faszinierendsten Vorgänge, die es gibt", sagt Bruno, der aber auch einräumt, dass er noch nicht alle ihre Geheimnisse entschlüsselt hat.

Sobald ein Bienenstock überbevölkert ist und zu viel Honig hat (Bienen hören nicht auf, sich zu vermehren, Honig zu produzieren und zu lagern), kommt es zum Schwarmtrieb. Die Kolonie bringt eine neue Königin zur Welt, und die alte Königin verlässt mit der Hälfte ihres Volkes den Bienenstock, um sich anderswo niederzulassen, d.h. entweder in einem leeren Bienenstock, den der Imker zur Verfügung gestellt hat, oder an einem geschützten, versteckten Ort. Von dort muss der Imker sie dann zurückholen. Manchmal verlagern die Imker ihre Bienenstöcke, um neue Nahrungsquellen zu erreichen oder sortenreinen Honig zu produzieren. Aber diese Wanderimkerei ist manchmal verstörend für die Bienen und sie verlieren ihre Orientierung. Bruno bevorzugt seinen lokalen „Vielblütenhonig", dessen Aromen mit den Jahreszeiten variieren, ohne dass seine Bienenvölker umziehen müssen.

Mit Bruno Cochet entdeckte ich tausend andere Wunder der Bienenzucht: wie man Königinnen aufzieht, wie sich die Bienenstöcke auf natürliche Weise entwickeln (die Brut gut geschützt in der Mitte, die Honigvorräte als Speisekammer, aber auch zur Wärmedämmung an den Rändern); wie die Bienen ihre Waben bauen (für einen Imkerrahmen benötigen gesunde Völker etwa drei Tage); wie sie Undichtigkeiten verschließen und sich dank Propolis vor Krankheiten und Eindringlingen schützen; oder wie man Weibchen und Männchen unterscheidet. Letztere „haben große Augen und sind hässlich".

An diesem Tag erlebte ich meinen ersten „Bienentanz", ein unglaubliches Kommunikationsritual, durch das die Sammlerinnen „ihre Strategie" besprechen. Die Pfadfinderbiene macht sehr spezifische kleine Bewegungen, kreisförmig und schwänzelnd, beschreibt so Richtung und Entfernung zu einer Nahrungsquelle. Ein Kreis beispielsweise bedeutet, dass die Stelle höchstens 50 Meter entfernt ist. Die anderen Bienen beobachten ihren Tanz, erkennen mit ihren Fühlern den Blütenduft, der von der tanzenden Biene ausgeht, und machen sich auf den Weg. Wenn der Tanz einer Acht ähnelt, befindet sich die Beute weiter entfernt, manchmal mehrere Kilometer. Der Winkel der Geraden zur Senkrechten entspricht dem Winkel zur Sonne, den die Bienen einhalten müssen, um zur Futterquelle zu gelangen. Bruno erklärt mir all das mit der Begeisterung eines Kindes. „Man muss sich einfach in diese Wesen verlieben: Ihre Art der Reproduktion, ihr Verhalten, ihre Organisation, das alles ist einfach unglaublich! Dabei streichelt er zärtlich einen dieser nur so von Bienen wimmelnden Rahmen. Es sieht so aus, als würden sie ihm Zuneigung zurückgeben.

Bruno Cochet liebt seinen neuen Beruf. Aber wie alle gewissenhaften Imker macht auch er sich Sorgen: Trotz aller Sorgfalt, die er ihnen entgegenbringt, trotz der besten Standorte, die er für sie sucht, geht es seinen Bienenvölkern nicht sehr gut. „Die Honigernte, also der Zeitraum, in dem Honig verfügbar ist, kann bei uns 5 bis 6 Monate dauern. Bisher lief es auch ziemlich gut, aber dieses Jahr ist es eine Katastrophe: Hatte ich vorher ungefähr 50 Kilogramm Honig im Bienenstock, wird es dieses Mal nur etwa halb so viel sein. Und die Sterblichkeit meiner Bienen nimmt ständig zu."

DAS VERSCHWINDEN DER BIENEN

Es ist offensichtlich: Auf der ganzen Welt geht es den Bienen schlecht. Es besteht die ernste Gefahr, dass die Bienen aussterben. Seit etwa 20 Jahren beobachten Imker weltweit eine bestimmte Art des Bienensterbens, das sogenannte „Colony Collapse Syndrome" (CCD). Bei diesem Bienenvolk-Kollaps lösen sich die Völker quasi auf. Fast alle flugfähigen Bienen verlassen den Stock, die Königin bleibt mit großen Brutflächen und Jungbienen alleine zurück. Während die Sterblichkeitsrate bei domestizierten Bienen bisher bei 5 bis 10 Prozent lag, ist diese Zahl auf durchschnittlich 30, in einigen Kolonien sogar auf 90 Prozent angestiegen. Ein Massensterben, dessen

Im Frühling ist die Bienenzucht auf dem Höhepunkt. Der Imker zählt seine Arbeitsstunden nicht mehr.

Ursachen gerade erst ergründet werden. Zunächst vermutete man gentechnisch veränderte Pflanzen und elektromagnetische Wellen. Doch tatsächlich liegt es wohl eher an einem verhängnisvollen Cocktail aus Pestiziden und Medikamenten, die immer häufiger in der Natur eingesetzt werden (insbesondere Neonicotinoide, sogenannte Beizmittel für Saatgut), der Vervielfachung neuer Krankheiten, Raubtieren wie der asiatischen Hornisse, Parasiten wie der Varroa, eine in Südostasien beheimatete Milbe, an die sich asiatische Bienen sehr gut angepasst haben, oder der östlichen Honigbiene (Apis cerana), die große Verluste unter unseren westlichen Honigbienen (Apis mellifera) verursacht haben. Die verheerendste Geißel aber ist wohl der Verlust der Artenvielfalt, deren Garant ironischerweise eigentlich die Fremdbestäubung durch unsere Bienen ist. Unsere kleine Arbeiterin ist in einen Teufelskreis geraten. Mit der Entwicklung der industriellen Landwirtschaft, der massiven Entwaldung, der intensiven Viehzucht und den großflächigen Monokulturen – all diese unseligen, gewinnorientierten Strukturen, die wir geschaffen haben – verursachen wir inzwischen einen dramatischen Verlust an biologischer Vielfalt. Das Ergebnis: Umgeben von Feldern mit Mais oder Weizen, riesigen Beeten mit Sonnenblumen, Sojabohnen oder Raps, die mit Pestiziden besprüht werden, findet die Landbiene kaum noch Nahrung.

Man mag sich darüber beklagen, dass Honig eines Tages ein äußerst seltenes Nahrungsmittel sein wird. Aber diese Tatsache ist nichts im Vergleich zu den Folgen, die das Aussterben der Bienen hätte. Laut Studien wissenschaftlich führender Landwirtschaftsforschungsinstitute sind 35 Prozent der weltweiten Nahrungsmittelproduktion direkt von der Bestäubung vor allem durch die Bienen abhängig. Die meisten Obst-, Gemüse-, Öl- und Eiweißpflanzen, Knollen, Nüsse, Gewürze, Kräuter, Kakao, Kaffee sind davon betroffen. Mit anderen Worten: Verschwänden unsere Bienen, würde nur Getreide als Nutzpflanze bleiben. Gewiss, auch das würden wir überleben. Aber wir müssten uns von allem, was unsere Küche lecker, unser Leben appetitlich und abwechslungsreich macht und für uns gesund ist, verabschieden. Ich weiß nicht, ob die großen Köche dieser Welt sich darüber im Klaren sind, wie sehr ihre Kunst von den Bienen abhängt. Ich glaube, dass nur sehr wenige Menschen bisher begriffen haben, dass ihre Zukunft und die unseres Planeten untrennbar mit dem Schicksal der Apis mellifera verbunden ist.

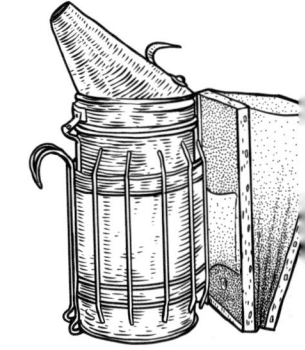

DER BOOM DER STADTBIENENZUCHT

Im Gegensatz zur kränkelnden ländlichen Imkerei entwickelt sich die Stadtimkerei positiv. Im Jahr 2015 gab es beispielsweise in Paris mehr als 700 Bienenstöcke. Auf Sehenswürdigkeiten wie der Pariser Oper oder dem Musée d'Orsay, aber auch auf großen Hotels sowie Büro- und Privatgebäuden scheinen sich die Bienen richtig wohl zu fühlen. Hier gibt es keine Neonicotinoide – die Verwendung von Pestiziden auf öffentlichen Grünflächen oder in Baumalleen ist seit mehreren Jahren strikt untersagt. Auch in Deutschland ist sie in Ballungszentren stark eingeschränkt und nur wenige Stadtbewohner besprühen ihre kostbaren Balkonpflanzen mit Glyphosat. Luftverschmutzung? Fachleuten zufolge erreicht sie den Nektar nicht, der in den Blüten versteckt ist. Zurück nach Paris: Schon im Jahr 2000 überzeugte der Imker und bildende Künstler Olivier Darné den kommunistischen Bürgermeister von Saint Denis, überall Bienenstöcke aufzustellen. Dieser Pionier der Stadtbienenzucht betreut mittlerweile fast 200 Bienenstöcke. Stadthonig ist für ihn ein wahres „Kaleidoskop der botanischen und soziokulturellen Artenvielfalt der Stadt". Analysen belegen, dass sein „Betonhonig", wie er ihn nennt, vollkommen unbelastet ist und bis zu 250 verschiedene Pollen enthält.

1. Die mit Pollen und Nektar beladene Biene bringt ihre Beute in den Bienenstock, um sich sofort wieder auf den Weg zu machen.

2. Das Einräuchern beruhigt die Bienen und man kann sich ihnen besser nähern.

3. Auf den Dächern der Städte werden Bienenstöcke windgeschützt aufgestellt.

Die Honigtracht beginnt: Zeit für den Imker, die Wabenrahmen einzusetzen.

Für die junge Pariser Imkerin Charlotte Dumas ist die Arbeit mit den Bienen zu einer Passion geworden. Sie arbeitete 15 Jahre im Personalwesen, bevor sie Audric de Campeau, den Gründer von „Miel de Paris", kennenlernte. „Sobald ich das erste Mal zusammen mit Audric meine Hände in einen Bienenstock gelegt hatte", sagt sie, „war es um mich geschehen und ich beschloss, mich mit Haut und Haaren der Imkerei zu verschreiben." Noch hat sie keinen Honig für „Apis Urbanica", die Marke, die sie vor einem Jahr ins Leben gerufen hat, geerntet. Aber sie arbeitet jeden Tag hart für ihr Ziel und hat ihre Entscheidung bisher nicht bereut. Beladen wie eine Arbeiterbiene fährt sie mit der Metro von einem Dach mit 3 bis 4 Bienenstöcken zum nächsten, steigt Dutzende von Stockwerken hinauf, schlüpft in ihren Overall, legt ihre Gurte an (wegen der Höhe meist vorgeschrieben), um ihre kleinen Futtersammler zu betreuen.

Auf dem Dach des Musée Grévin erläutert uns Charlotte ihren Werdegang und ihre Philosophie. Um zu ihren Bienenstöcken zu gelangen, mussten wir mehrere, mit wunderbar realistischen Statuen bestückte Ausstellungsräume durchqueren, uns in einen engen Aufzug drücken, die Werkstätten durchlaufen, in denen Wachsbüsten hergestellt werden, uns durch ein Oberlicht mit einer Warntafel „Achtung Bienen" quetschen und schließlich noch einige Leitern erklimmen. Auf dem Dach angekommen, blüht die junge Imkerin sofort auf. „Das sind meine Lieblingsbienenstöcke", sprudelt es aus ihr heraus. „Dies ist ein sich ständig erneuernder, lebendiger Ort voller Rhythmus. Hier spüre ich die Natur. Bienen sind wunderschön, großzügig, einfach bewundernswert!" Für Charlotte ist die Bienenzucht viel mehr als ein Lebensunterhalt: Sie ist eine Lebenseinstellung, deren Aufgabe darin besteht, den Lebensraum der Bienen zu schützen, ihre Art zu erhalten. „Bienen ordnen ihr ganzes Leben dem Gemeinwohl unter. Wenn sich die Menschen von diesem Modell doch nur ein wenig inspirieren ließen, stände es um unsere Zivilisation sicherlich besser."

Gewiss, die explosionsartige Entwicklung der Stadtbienen wird weder die Probleme der ländlichen Bienenzucht lösen noch den Verlust der Artenvielfalt auf der Erde verhindern, aber die wachsende Präsenz der Bienen an unserer Seite, in unserem täglichen Leben, wird uns vielleicht aufrütteln. Gerade heute ist die Honigproduktion geradezu eine Mission. Wir Verbraucher sollten Honig immer mit dem Wissen um seine Bedeutung genießen.

1. Die Rahmen können sich während der Honigtracht sehr schnell füllen.

2. Mit Handschuhen oder auch mit bloßen Händen arbeitet der Imker äußerst vorsichtig an seinen Bienenstöcken.

3. Ein dicht bevölkerter Rahmen zeugt von der Dynamik der Königin.

Rechte Seite. Charlotte Dumas, Imkerin in Paris, „Apis Urbanica".

VER-KOSTUNG

DIE AUSWAHL DES RICHTIGEN HONIGS UND WEITERE ANMERKUNGEN

DAS ETIKETT

Die Wahl des Honigs beginnt schon mit der Frage, ob man ihn in einem Supermarkt oder direkt beim Imker kaufen sollte. Vergessen wir nicht, dass es auch unter Imkern Betrüger gibt, die aus Profitgier zweifelhafte Methoden anwenden und durchaus minderwertige Honigsorten in ihrem Sortiment haben. Selbst ein kleiner Imkerstand auf dem Wochenmarkt garantiert noch keine Qualität.

PFLICHTANGABEN

Auf jedem Etikett müssen mindestens die Verkaufsbezeichnung (Honig oder Honigtau), das Haltbarkeitsdatum, der Name oder die Firmenbezeichnung des Herstellers, des Abfüllers oder Verkäufers sowie deren Adresse angegeben sein.

WAS SOLLTE SIE SKEPTISCH MACHEN?

Wenn die Gesetzgebung so vage bleibt wie bisher, könnten sich hinter diesen Angaben zweifelhafte Praktiken verstecken:

Bezeichnung

Honig ist entweder Sortenhonig (monofloral), d. h. mindestens 60 Prozent Nektaranteil einer Pflanze (Beispiel: Lavendelhonig), oder Blütenhonig (polyfloral), stammt also aus vielen verschiedenen Nektar spendenden Blüten. Es kommt jedoch nicht selten vor, dass Honige nur als „cremiger" oder „flüssiger" Honig angeboten werden. In beiden Fällen handelt es sich um Produkte, die größtenteils zusammengemischt („geimpft") worden sind, um eine bestimmte Konsistenz zu erreichen. Der Honig mag sich als einigermaßen ansprechend herausstellen, enthält aber nicht die biologischen und organoleptischen Eigenschaften von reinem Honig. Er ist daher nicht zu empfehlen.

Herkunft

Das mag auf den ersten Blick das logischste und wichtigste Indiz sein, in Wirklichkeit ist es oft nur verwirrend. Die Herkunftsangabe auf Honig wird in der sogenannten Honigverordnung geregelt. Danach muss das Ursprungsland angegeben werden. Auf Honigmischungen aus mehr als einem Ursprungsland braucht nur angegeben zu werden, ob es sich um ein EU-Land oder nicht handelt. Eine eindeutigere Herkunftsangabe ist nicht verpflichtend. Skrupellose Geschäftemacher verstehen es, das begehrte Naturprodukt zu strecken. Viele Experten beklagen einen erheblichen Anteil gepanschter Ware. In Deutschland können nur 20 Prozent des Bedarfs von heimischen Honigproduzenten gedeckt werden, EU-weit liegt der Anteil bei 60 Prozent. Rund 200 000 Tonnen Honig importiert die EU jährlich. Neben China sind Mexiko und die Ukraine wichtige Exportländer. Die importierten Produkte erfüllen oft nicht die in der Union geltenden Standards: Bei Tests der EU-Kommission fielen 20 Prozent der Proben durch. So wird nach Angaben der Forscher etwa Zucker zugesetzt – was bei dem Naturprodukt Honig nicht zulässig ist. Die vergleichsweise teure Ware wird so mit billigen Mitteln gestreckt. Gesundheitlich ist das unbedenklich, aber Verbraucher werden getäuscht.

„Irreführende" Angaben

Während einige ihre schlechten Praktiken mit zweifelhaften Ursprungsbezeichnungen zu verbergen suchen, zögern andere nicht, die Verbraucher zu täuschen, indem sie ihnen Herstellungsverfahren und -methoden garantieren, die selbstverständlich sind.

Am häufigsten: „Kalt geernteter Honig"

Der Zusatz „kalt geschleudert" ist ebenfalls nicht zulässig. Verbraucher könnten denken, es gäbe Imker, die ihren Honig warm schleudern. Das ist allerdings technisch gar nicht nicht möglich, da die Waben bei Wärme instabil werden und beim Schleudern kaputtgehen würden. Honig wird immer kalt geerntet. Selbst der skrupelloseste Imker wird seinen Honig nicht erhitzen, um ihn zu ernten. Honig ist kein Olivenöl!

Andere wertlose Angaben:

Beschreibungen wie „echt" oder „naturbelassen" sind bei Honig ebenfalls nicht angebracht. Die Honigverordnung gibt nämlich vor, dass dem Honig nichts beigemischt werden darf. Echtheit und Naturbelassenheit sind also selbstverständlich.

HÄUFIGE FRAGEN

SOLL MAN BIOHONIG KAUFEN ODER NICHT?
Diese Frage ist nicht so einfach zu beantworten. Natürlich ist es richtig, den ökologischen Anbau von Obst, Gemüse und eben auch von Honig zu unterstützen. Doch auch wenn dieses Label die ökologische Bienenhaltung und die Arbeitsweise des Imkers beschreiben soll, so sind doch die genauen Richtlinien ziemlich vage gehalten. Der größte Teil des Angebots wird übrigens heute von denselben Abfüllern hergestellt, die schon die zuvor erwähnten Praktiken anwenden und so die ehrliche Imkerei abwerten. Tatsächlich kann die Biozertifizierung bestenfalls nur zu 50 Prozent garantieren, dass die aufgenommenen Pollen von biologisch angebauten Pflanzen stammen, vor allem, wenn man berücksichtigt, dass eine Biene ihre Nahrung im Umkreis von 3 bis 5 Kilometern um ihren Bienenstock sammelt. Strengere und präzisere Richtlinien wären geboten, um die ökologische Imkerei besser zu fördern. Sicherlich sind heutzutage einige Biohonige von besserer Qualität als konventionell hergestellte Ware, aber leider ist das nicht immer der Fall.

KÖNNEN IM HONIG PESTIZIDRÜCKSTÄNDE ENTHALTEN SEIN?
Pestizide, also Pflanzenschutzmittel und generell die chemische Landwirtschaft, sind die größten Feinde der Bienen. Gefährlich sind vor allem die sogenannten subletalen Effekte, welche nicht sofort zum Bienentod führen. Sie stören aber ihre Kommunikationsfähigkeit und ihren Orientierungssinn. Die Bienen finden nicht mehr in den heimischen Stock zurück und gehen zugrunde, bevor sie ihren Honig überhaupt herstellen können.
Dennoch ist mehr als jeder zweite Honig aus deutschen Supermärkten mit Pestiziden belastet. Die Werte liegen aber deutlich unter den zulässigen Grenzwerten. Laut Bundesinstitut für Risikobewertung ist es unwahrscheinlich, dass von Honig mit geringen Rückständen – unterhalb der gesetzlichen Grenzwerte – ein gesundheitliches Risiko für den Menschen ausgeht.

ES IST GÄNGIGE PRAXIS, DASS IMKER UND HERSTELLER DEM HONIG ZUCKER BEIFÜGEN ...
Weder die Imker noch die Industrie haben ein Interesse an dieser Praxis. Allerdings werden immer wieder bei Laboranalysen Zuckerrückstände gefunden. Die größte Gefahr für Bienen und Insekten ist, dass sie ihren natürlichen Lebensraum verlieren: Es gibt kaum noch vielfältig blühende Flächen, die Landschaft ist ausgeräumt. Dafür sind vor allem die intensive Landwirtschaft und der tonnenweise Einsatz von Pestiziden verantwortlich. Solange der Mensch Pestizide in die Natur ausbringt, werden sich Anwendungsfehler und ihre Folgen nie ganz vermeiden lassen.
Um ihre Bienen bei der Entwicklung zu unterstützen, werden sie während bestimmter Entwicklungsphasen von den Imkern gefüttert. Die verantwortungsbewussten unter ihnen verwenden eine Mischung aus Honig und Wasser, während die meisten zu Glukosesirup (erfordert weniger Arbeit, ist in großen Mengen erhältlich und preiswert) greifen. In ganz schlechten Jahren erhöhen einige Imker aus Ertragsgründen die Dosis und in der Folge lagern die Bienen Zucker in großen Mengen in den Waben, die eigentlich für den Honig vorgesehen sind.
Diese Praxis ist bekannt und jeder seriöse Aufbereiter oder Vertreiber wird seine erworbenen Produkte vor dem Weiterverkauf sorgfältig analysieren. bevor er seine Honige zum Verkauf anbietet.

ECHTER DEUTSCHER HONIG

Es gibt ca. 150 000 Imker in Deutschland, die mit ihren Bienenstöcken für eine reich gedeckte Honigtafel sorgen. „Echter Deutscher Honig" ist eine seit 1925 geschützte Marke für in Deutschland produzierten Honig.

Produktion Die deutschen Imker mit ihren Bienen gehören zu den fleißigsten auf der Welt. Jedes Bienenvolk produziert eine durchschnittliche Erntemenge von 20 bis 30 Kilogramm Honig. Zusammengerechnet ernten die deutschen Imker 15 000 bis 25 000 Tonnen Honig pro Jahr – das entspricht etwa 20 Prozent des Verbrauchs in Deutschland.

Honigsorten sortenreine Honigsorten sowie auch Vielblütenhonige.

KURZ GESAGT UND GUT GENASCHT
Der Deutsche Imkerbund e.V. (D.I.B.) ist seit über 90 Jahren Inhaber der Marke „Echter Deutscher Honig" (EDH). Grund für deren Einführung war die Sicherung des deutschen Honigmarktes und seine deutliche Abgrenzung und Hervorhebung gegenüber Kunsthonig und Honigsorten aus dem Ausland.

BIOHONIG

Pflanze Die Bienenstöcke von Bioimkern sind so aufgestellt, dass im Umkreis ihres Flugradius die Trachten vor allem aus Wildpflanzen oder ökologisch bewirtschafteten Kulturen bestehen.

Herkunft Überall.

Blüte und Ernte Je nach Pflanze und Region unterschiedlich, meist jedoch von Anfang April bis Ende September.

Farbe Je nach Honigsorte.

Geschmack Biohonig wird von der jeweiligen Pflanzenwelt beeinflusst. Eine detaillierte Beschreibung ist schwierig, da der Geschmack je nach Trachtpflanze völlig unterschiedlich ist.

Konsistenz Alle Konsistenzen möglich.

KURZ GESAGT UND GUT GENASCHT
Bei der Bioimkerei kommt es darauf an, dass die Bienen in unbelasteten Regionen den Biohonig sammeln können. Außerdem nehmen die Bioimker besondere Rücksicht auf die Bedürfnisse ihrer Bienenvölker und Bienenstöcke.

WALDHONIG

Vielblütenhonig, der nur im Wald geerntet wird (wie der Name schon sagt).

Pflanze Im Wald gibt es viele Quellen für Nektar, Pollen und Honigtau. Meist handelt es sich um Honigtau von der Eiche, Buche, Nadelbäumen, aber auch Pollen und Nektar von Brombeeren, Efeu, Heidekraut und Weidenröschen.

Herkunft Wälder sind weitverbreitet, daher kann über die Herkunft nichts gesagt werden. In der Regel ist dem Etikett zu entnehmen, wo der Honig gesammelt wurde.

Blüte und Ernte Die Ernten erfolgen je nach Region in der Regel im Sommer von Ende Juni bis Ende August.

Farbe Er ist immer dunkel und kann je nach Gehalt des Honigtaus sogar fast schwarz sein.

Geschmack Immer sehr kräftig, man erkennt ihn an leichten Nuancen von Unterholz und Waldboden. Er kann auch leicht bitter schmecken, weshalb er nicht nur Anhänger hat. Seine Liebhaber jedoch schätzen ihn sehr.

Konsistenz Lange flüssig, kann aber je nach Honigtaugehalt im Laufe der Zeit leicht kristallisieren.

KURZ GESAGT UND GUT GENASCHT
Dieser an Spurenelementen reiche Honig soll ein reines Zufallsprodukt sein. Imker, die ursprünglich Tannenhonig produzieren wollten, fanden in den Bienenstöcken einen ganz anderen Honig vor, der jedoch großen Anklang bei den Verbrauchern fand – und so war der Waldhonig geboren. Sein kraftvoller Geschmack eignet sich hervorragend zur Lebkuchenherstellung.

BERGHONIG

Dieser Vielblütenhonig, der oft als wahrer organoleptischer Schatz bezeichnet wird, ist die Frucht eines noch intakten unvergleichlichen Pflanzenreichtums.

Pflanze Himbeere, wilder Thymian, Rhododendron, Weidenröschen, Klee, Brombeere, Heidekraut, Löwenzahn und alle Pflanzen, denen das raue Höhenklima nichts ausmacht.

Herkunft Alle Bergregionen.

Blüte und Ernte Aufgrund des oft sehr instabilen Gebirgsklimas blühen die Gebirgspflanzen nur sehr kurz. Je nach Region werden sie vom späten Frühling bis zum Frühsommer geerntet.

Farbe Im Allgemeinen hellbraun, kann aber je nach Jahreszeit und Ernteort variieren.

Geschmack Berghonig wird von der jeweiligen Pflanzenwelt beeinflusst. Der Geschmack ist meist ziemlich kräftig und blumig. Eine genaue Beschreibung ist schwierig, da der Geschmack je nach Jahr und Ort völlig unterschiedlich ist.

Konsistenz Erst flüssig, dann feine bis körnige Kristallisation.

KURZ GESAGT UND GUT GENASCHT
Berghonig wird im Gegensatz zu manch anderen Honigsorten streng kontrolliert. Imker müssen genaue Vorgaben einhalten, unter denen die Höhe des Erntegebiets eine wesentliche Rolle spielt.

STADTHONIG

In den letzten 15 Jahren haben die Imker unter dem allmählichen Aussterben ihrer Bienenkolonien gelitten. Einige begannen, sie an die städtischen Gebiete zu gewöhnen, und errichteten ihre Bienenstöcke in den Metropolen unserer Welt. Der erste städtische Bienenstock wurde in New York aufgestellt. Heute ist das Ergebnis eindeutig: Bienen fühlen sich in der Stadt besser und sind dort auch produktiver.

Pflanze Es gibt für Bienen reichlich Futter in Gärten, Parks, Friedhöfen, Alleen, im Straßenrandgrün und auf Balkons zu finden – in der Regel ganz ohne Einsatz von Pestiziden!

Herkunft Stadt.

Blüte und Ernte Die Blüten sind vielfältig, die Periode für die Nahrungsaufnahme ist recht lang (April bis September). In guten Jahren oder bei günstigen Klimaverhältnissen kann es zwei Ernten geben, die erste von Ende Juni bis Anfang Juli und die zweite im September.

Farbe Weiß bis bernsteinfarben.

Geschmack Das ungleich größere und vielfältige Nahrungsangebot schlägt sich auch in einem deutlich aromareicheren und vielschichtigeren Geschmack des Honigs nieder. Dabei muss man noch nicht mal Angst vor Abgasen und anderer städtischer Luftverschmutzung haben. Die Bienen selber filtern schädliche Stoffe aus dem Nektar aus. Viele wissenschaftliche Studien belegen: Stadthonig ist gänzlich frei von jeglichen Rückständen.

Konsistenz Bei der Ernte noch flüssig, kristallisiert aber schnell mehr oder weniger körnig.

KURZ GESAGT UND GUT GENASCHT
Nicht jeder ist bisher davon überzeugt, dass sich die Bienen in der Stadt besser fühlen, sich dort besser akklimatisieren als auf dem Land und die Qualität ihres Honigs sehr gut ist. Doch eine wirklich gute Nachricht ist das nicht, und das Gegenteil wäre sinnvoller. Denn auf dem Land sterben unsere Bienenkolonien aus. Der hohe Pestizideinsatz in unserer Landwirtschaft ist das gefährlichste Raubtier für unsere Bienen. Ein Bienenstock in der Stadt kann bis zu 60 Kilogramm Honig jährlich produzieren, während ein Bienenstock auf dem Land es gerade mal auf 30 Kilogramm bringt. Der Grund dafür liegt einfach darin, dass der Einsatz von Pestiziden in vielen Städten mittlerweile nicht mehr toleriert wird oder gar verboten ist.

AKAZIENHONIG

Pflanze Botanischer Name: *Robinia pseudoacacia L.* Ein großer Baum mit glatter Rinde und duftenden, weißen Blüten, die in großen Büscheln herabhängen. Er wird auch als Robinie oder Falsche Akazie bezeichnet.

Herkunft Ab dem 17. Jahrhundert machte der Baum Karriere und avancierte zu einem beliebten Hingucker in Europas Park- und Gartenanlagen. Die ersten Robinien in Deutschland wurden wohl 1670 im barocken Lustgarten des Berliner Stadtschlosses gepflanzt. Im Jahr 2020 erhielt die Robinie in Deutschland die Auszeichnung „Baum des Jahres".

Blüte und Ernte Je nach Region April bis Ende Juni.

Farbe Je nach Gehalt von Begleitpollen durchsichtig bis hellgelb.

Geschmack Einer der süßesten Honige mit mildem Vanillearoma, aber nicht sehr anhaltend im Geschmack.

Konsistenz Einer der seltenen Honige, der seine flüssige Textur meist bewahrt. Es kann allerdings vorkommen, dass er leicht kristallisiert und seine Farbe zu Weiß tendiert, was jedoch an eventuellen Begleitpflanzen liegt.

KURZ GESAGT UND GUT GENASCHT

Akazienhonig ist aufgrund seiner Süße beim Endverbraucher sehr beliebt. Dank seiner milden Süße eignet er sich ideal, um beispielsweise einen grünen Tee zu süßen, ohne dessen Aromen zu verfälschen.

Die deutsche Produktion ist heute zu gering, um die Nachfrage zu befriedigen. So wird der Honig oft aus osteuropäischen Ländern (häufig Rumänien, Serbien, Ungarn usw.) importiert, deren schlechter Ruf oft unberechtigt ist. In der Tat profitieren diese Länder, die in den letzten 50 Jahren ärmer und weniger industrialisiert waren als wir, heute von einer viel natürlicheren Landwirtschaft als der unsrigen.

KASTANIENHONIG

Pflanze Botanischer Name: *Castanea sativa Mill.* Der 25 bis 40 Meter hohe Baum ist wegen seiner großen gezackten Blätter und vor allem wegen seiner Früchte, den Kastanien, bekannt. Lange galten sie als das „Brot der armen Leute". Seine üppige Blüte wird von Bienen sehr geschätzt.

Herkunft Die auch als Esskastanie bekannte Kastaniensorte ist in ganz Mitteleuropa verbreitet. Der Pfälzer Wald in Deutschland ist hier ein gutes Beispiel.

Blüte und Ernte Die Blüte erfolgt je nach Region von Juni bis August und die Honigernte kann bis Ende September andauern.

Farbe Bräunlich bis rötlich.

Geschmack Wenn Akazienhonig der süßeste Honig ist, finden wir Kastanienhonig auf der anderen Seite der Geschmacksskala. Der aromatisch kräftige Honig kann, je nach Ernteregion, sogar eine leichte Bitterkeit aufweisen. Lange ignoriert und oft als zu dominant eingestuft, ist er heute sehr gefragt.

Konsistenz Ähnlich wie Akazienhonig ist er einer der wenigen Honige, die lange flüssig bleiben. Grund dafür sind bestimmte Zuckerstoffe.

KURZ GESAGT UND GUT GENASCHT
Viele Konditoren schätzen diesen Honig. Mit Schokolade verrührt, eignet er sich hervorragend für Honigschokoladencremes. Er wird auch gerne zu gereiftem Käste, aber auch zu Ricotta serviert.

DIE ZUCKER UND DER HONIG

Honig ist eine von Bienen gesammelte Vielzahl natürlicher Zucker. Diese Zucker, die je nach Sorte länger oder kürzer im flüssigen Zustand bleiben, nehmen direkten Einfluss auf die Konsistenz eines Honigs.

Rapshonig, der reich an Glukose ist, wird beispielsweise sehr schnell fest, während ein Honig, der reich an Fruktose ist (wie Kastanien oder Akazien), von Natur aus flüssig bleibt.

Unser Körper nimmt die im Honig enthaltenen natürlichen Zucker – die gesündere Alternative zum Industriezucker – direkt auf. Der Energiewert ist ähnlich, aber die Leichtigkeit der Aufnahme ist viel interessanter.

ERDBEERBAUMHONIG

Pflanze Botanischer Name: *Arbutus unedo L.* Strauch mit rötlicher Rinde, seine kleinen weißen Blüten wachsen traubenförmig. Er bringt auch kleine rote, runde und raue Beeren hervor, die Arbutusbeeren. Sie sind reich an Vitamin C, schmecken mild und sehr süß.

Herkunft Der Erdbeerbaum gedeiht in gemäßigtem bis trockenem Klima im gesamten Mittelmeerraum. Zusammen mit anderen widerstandsfähigen Pflanzen und Kräutern gehört er zum typischen Bewuchs der Macchia in küstennahen Regionen.

Blüte und Ernte Eine der wenigen Winterhonigblüten, deren Ernte je nach Jahr von Ende November bis Anfang Januar stattfindet.

Farbe Hellbraun, kann mit der Zeit ins Grünliche wechseln.

Geschmack VORSICHT! Erdbeerhonig ist nicht Jedermanns Geschmack. Amateure sollten ihn lieber den großen Küchenchefs und Konditoren überlassen. Der Honig kann schnell bitter schmecken. Mit einem langen Abgang überwiegt zunächst das Aroma gerösteten Karamells, dann kommen Haselnuss und Bittermandel hinzu.

Konsistenz Der bittere Geschmack steht im Kontrast zu der feinen, cremigen Textur.

KURZ GESAGT UND GUT GENASCHT
Dem allgemein wenig bekannten Honig werden von den Bewohnern seiner Ernteregionen vielerlei Heilkräfte nachgesagt: verdauungsfördernd, blutbildend, energetisierend usw. Dieser Honig ist auch im Winter ein wertvoller Verbündeter der Bienen, da er ihnen zu einer Zeit, in der es nicht viele Blüten gibt, eine gute Nahrungsquelle bietet.

FAULBAUMHONIG

Pflanze Botanischer Name: *Frangula dodonei*. Weitverbreiteter Strauch am Waldrand, gedeiht am besten im Schatten und auf feuchtem, saurem Boden.

Herkunft Der auch als Pulverholz oder Schießbeere bekannte Strauch ist von Europa bis Westsibirien heimisch. Den Namen „Faulbaum" verdankt er dem leichten Fäulnisgeruch seiner Rinde.

Blüte und Ernte April bis Juli.

Farbe Braun bis dunkelbraun.

Geschmack Am Gaumen sehr fein und anhaltend, mit fruchtigen und leicht balsamischen Aromen.

Konsistenz Flüssig bis sirupartig.

KURZ GESAGT UND GUT GENASCHT
Idealer Begleiter für einen Hüttenkäse oder Frischkäse.

HEIDEHONIG

Pflanze Botanischer Name: *Erica cinerea L.* Die auch Graue Heide genannte Sorte mit ihren kleinen, violetten Blüten ist die häufigste Pflanzenart aus der Gattung der Heidekräuter.

Herkunft Sie wird in den gemäßigten Gebieten als Zierpflanze verwendet und ist als eine der frostharten europäischen Heidearten beliebt. Der Heidehonig aus der Lüneburger Heide ist eine ganz besondere Spezialität.

Blüte und Ernte Juni bis September.

Farbe Dunkelbraun bis leicht rötlich.

Geschmack Dieser komplexe Honig hat einen langen Abgang. Seine Lakritznoten und leicht rauchigen Aromen verleihen ihm einen lebendigen, unverwechselbaren Charakter.

Konsistenz Bei der Ernte flüssig, kristallisiert er nur langsam und sehr fein.

KURZ GESAGT UND GUT GENASCHT
Lange Zeit vernachlässigt oder nur zur Lebkuchenherstellung verwendet, ist er heute einer der beliebtesten Honige in der Welt der Gastronomie. Sowohl Schokoladenhersteller als auch einige Bäcker wissen seinen unvergleichlichen Geschmack zu schätzen.

IMPFEN DES HONIGS

Um die Erwartungen der Verbraucher zu erfüllen, arbeitet die Lebensmittelindustrie immer weiter an der Standardisierung des Geschmacks, aber auch der Konsistenzen. Dies gilt auch für (einige) Imker, um Honig zu verwerten, der von Natur aus stärker kristallisiert als andere. Sie vermischen den festeren Honig mit einem etwas cremigeren (ca. 5 Prozent des Gewichts des Honigs, der cremiger werden soll). Gründlich verrührt, nimmt der anfänglich feste Honig eine wunderbar cremige Konsistenz an. Abgesehen von der Tatsache, dass diese Operation nur selten (wenn überhaupt) auf den Gläsern angegeben ist, kann der Verbraucher letztendlich nicht wissen, welcher Honig in seinem Rohzustand ausgewählt wurde …

RAPSHONIG

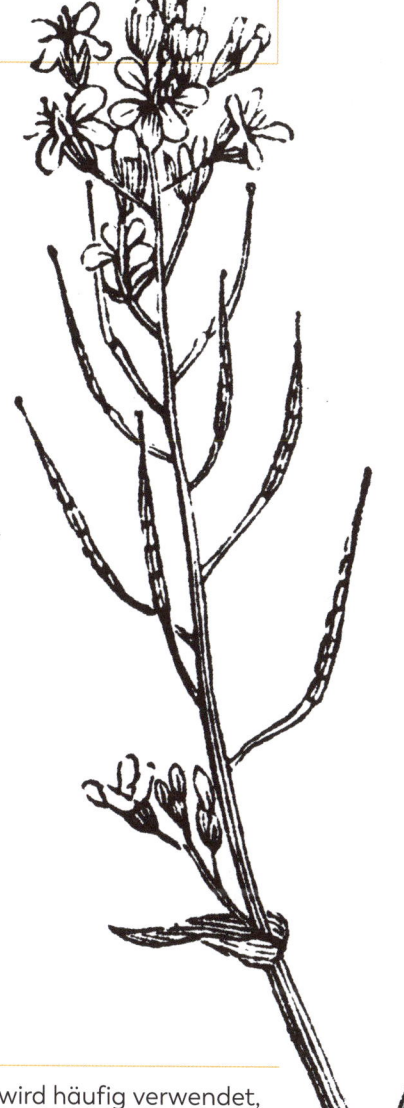

Pflanze Botanischer Name: *Brassica napus L.* Raps gilt als eine der am meisten angebauten Ölsaaten der Welt. Die gelben Blüten sind äußerst wohlschmeckend und färben unsere Landschaft während der Saison in leuchtendes Gelb.

Herkunft In China seit der Antike kultiviert, ist Raps heute in allen gemäßigten Regionen der Welt und in ganz Deutschland präsent.

Blüte und Ernte Anfang April bis Mai.

Farbe Bernstein bis hellgelb.

Geschmack Er hat diesen charakteristischen Duft nach Kohl oder frischer Butter. Er schmeckt sehr mild und süß, ohne besondere Aromen. Aufgrund seiner hohen Glukosekonzentration hinterlässt er ein starkes Gefühl nach Zucker auf der Zunge.

Konsistenz Cremig. Er wird häufig verwendet, um Honig mit höherer Kristallisation durch das sogenannte „Impfen" cremiger zu machen.

KURZ GESAGT UND GUT GENASCHT

Raps, eine der am weitesten verbreiteten Pflanzen zur Erzeugung grüner Energie, ist paradoxerweise auch eine der am meisten chemisch behandelten Gewächse. Imker, die diesen Honig ohne große Investitionen leicht produzieren möchten (große Anbauflächen und lange Blütezeiten ermöglichen es, Bienenstöcke in größerem Ausmaß anzusiedeln), scheint dies nicht sonderlich zu interessieren. Häufig finden wir auf den Gläsern nur eine einzige Bezeichnung: Cremiger Honig. Vermeiden!

HIMBEERHONIG

Pflanze Botanischer Name: *Rubus idaeus L.* Der dornige Strauch mit seinen wohlschmeckenden Früchten ist eine ausgezeichnete Bienenweide für Pollen und Nektar.

Herkunft Sehr präsent in Gebirgsregionen unter 2000 Metern Höhe. Dort ist die Pflanze oft im Unterholz oder am Rande von feuchten Wäldern zu finden. Obwohl die Himbeere in unseren Breiten weit verbreitet ist, stammt der Großteil der Himbeerhonigproduktion aus Kanada.

Blüte und Ernte Je nach Anbaugebiet von Mai bis Juli.

Farbe Weiß bis bernsteinfarben.

Geschmack Milder, leicht fruchtiger Honig.

Konsistenz Feine Kristallisation.

KURZ GESAGT UND GUT GENASCHT
Himbeerhonig ist in Anbetracht der schwer zugänglichen Anbaugebiete in den Bergen in Deutschland eher selten und wird meist aus Kanada importiert, wo er leichter zu ernten ist.

LAVENDELHONIG

Pflanze Botanischer Name: *Lavandula angustifolia Mill.* Buschiger wilder Strauch mit lilafarbenen Blüten und immergrünen Blättern.

Herkunft Diese Wärme liebende Pflanze schätzt kalkhaltige und trockene Böden und wird dort auch in größerem Umfang kultiviert, vor allem in Südfrankreich.

Blüte und Ernte Juli bis September.

Farbe Bernsteinweiß.

Geschmack Der unvergleichlich delikate Honig profitiert von einer kraftvollen und fruchtigen Note sowie von einer leichten Säure. Seine anhaltenden Kräuternoten machen ihn viel komplexer als die aus Kulturlavendel geernteten Sorten.

Konsistenz Bei der Ernte flüssig, kristallisiert er danach sehr fein.

KURZ GESAGT UND GUT GENASCHT
Im Gegensatz zum Kulturlavendel (Lavandin) ist wilder Lavendel seltener und seine Ernte oft vom Zufall abhängig. Kulturlavendel wird hauptsächlich zur Herstellung von Kosmetika verwendet und ist nicht essbar. Wilder Lavendel dagegen ist essbar und bei Feinschmeckern sehr beliebt, die ihn als Kräutertee genießen oder in Kuchen herausschmecken.

LÖWENZAHNHONIG

Pflanze Botanischer Name: *Taraxacum sp.* Mehrjährige Pflanze, die unsere Felder und Wiesen im Frühjahr in leuchtendes Gelb taucht. Trotz geringer Wertschätzung ist sie essbar und wird seit dem Mittelalter verzehrt.

Herkunft Löwenzahn wächst hierzulande recht weit verbreitet. Man findet ihn beispielsweise auf Wiesen, an Wegrändern oder im eigenen Garten. Am besten wächst der Löwenzahn an Standorten mit nährstoffreichen, gut durchlüfteten und humosen Böden.

Blüte und Ernte Ihre lange und üppige Blütezeit, die sich von März bis August erstreckt, trägt zur guten Entwicklung der Kolonien bei.

Farbe Blass bis hellgelb, je nach Vorhandensein von exogenen Pollen (meistens von Sonnenblumen).

Geschmack Ihm wird nachgesagt, nach „Katzenpisse" (Ammoniak) zu riechen, dennoch schmeckt dieser Honig süß und leicht nach „Lakritz".

Konsistenz Der bei der Ernte flüssige Honig kristallisiert später fein- bis grobkörnig.

KURZ GESAGT UND GUT GENASCHT
Die Pflanze ist für ihre harntreibende Wirkung bekannt und ihr Honig sehr begehrt. Doch aufgrund der unregelmäßigen Blüte kann sortenreiner Honig nur selten von der Bezeichnung „Löwenzahn" profitieren.

SORTENREINER HONIG

Im Gegensatz zu Vielblütenhonig, der oft den Namen einer Region trägt, die für eine bestimmte Pflanze bekannt ist, wird sortenreiner Honig aus Nektar, Pollen oder Honigtau einer einzigen Pflanze gewonnen. Die Produktion eines solchen Honigs ist für den Imker zu jeder Zeit sehr aufwändig. Zu Beginn der Saison ist er ständig auf der Suche nach einer bestimmten Blüte für seine Bienenvölker, bringt sie dorthin und erntet schließlich am Ende der Blütezeit.

Die Operation ist heikel, da die Kolonien zum Erntezeitpunkt ausreichend entwickelt sein müssen und die Bienen außerdem einen Umkreis von drei Kilometern abfliegen. Ein sortenreines Ergebnis ist daher nie garantiert.

ALPENROSENHONIG

Pflanze Botanischer Name: *Rhododendron ferrugineum L.* Die auch als Rostblättrige Alpenrose bezeichnete Rhododendronpflanze unterscheidet sich stark von den Rhododendren in unseren Gartenbeeten. Sie ist eine der größten Bienenweiden in unseren Hochgebirgen.

Herkunft Die Alpenrose gedeiht in Höhenlagen zwischen 1000 und 2000 Metern und kommt in den Alpen, im Jura und in den Pyrenäen vor.

Blüte und Ernte Anfang Juni bis Ende Juli.

Farbe Weiß bis bernsteinfarben.

Geschmack Kein starker Duft, aber leicht blumig und intensiv süß im Geschmack.

Konsistenz Bei der Ernte flüssig, verläuft seine Kristallisation fein und langsam. Allerdings kann er mit der Zeit sehr hart werden.

KURZ GESAGT UND GUT GENASCHT
Dieser Honig ist reich an Spurenelementen und wird als ausgezeichnetes Stärkungsmittel angesehen. Außerdem wirkt er beruhigend und bei Arthritis lindernd.

ROSMARINHONIG

Pflanze Botanischer Name: *Rosmarinus officinalis L.* Ein Strauch mit nadelartigen grünen Blättern, der bis zu 1,5 Meter hoch werden kann.

Herkunft Typische Wildpflanze der mediterranen Macchienvegetation, im gesamten Mittelmeerraum zu Hause.

Blüte und Ernte Rosmarin ist eine Pflanze, die im Winter sehr früh blüht, manchmal sogar von November bis Anfang Mai, der Erntezeit.

Farbe Weiß bis blassgelb.

Geschmack Weich und leicht balsamisch, variiert seine Intensität je nach Blütenfülle. Bei außergewöhnlich gutem Honig kann das leicht würzige Aroma an das der Würzpflanze erinnern.

Konsistenz Bei der Ernte flüssig, kristallisiert er im Laufe der Zeit sehr fein.

KURZ GESAGT UND GUT GENASCHT
Vor allem sein mildes Aroma macht diese Sorte zu einer beliebten Zutat in Gourmetküchen. Um edle Gerichte zu verfeinern, dient der Honig als Basis für Saucen, Suppen und Vinaigretten aller Art.

BROMBEERHONIG

Pflanze Botanischer Name: *Rubus fruticosus* L. Invasive dornige Pflanze, auch wilde Maulbeere genannt.

Herkunft Landesweit vor allem in den gemäßigten Regionen verbreitet, gedeiht die Brombeere am besten im Unterholz und am Waldrand.

Blüte und Ernte Je nach Region von Juni bis September.

Farbe Weiß bis bernsteinfarben, entwickelt mit der Zeit eine rötliche Farbe.

Geschmack Seine fruchtig intensiven Aromen und sein langer Abgang erinnern an Unterholz, seine natürliche Umgebung.

Konsistenz Frisch geerntet flüssig, kristallisiert der Brombeerhonig schnell und je nach Blüten, die von den Bienen angeflogen werden, mehr oder weniger körnig.

KURZ GESAGT UND GUT GENASCHT

Dieser Honig war vor allem wegen seiner medizinischen Eigenschaften (Halsschmerzen, Mundschleimhautentzündungen usw.) bekannt und wurde lange von Konditoren für ihre Lebkuchenherstellung verwendet. Heute jedoch ist er leider sehr selten geworden. Die Wildpflanze zahlt bereits jetzt den Preis für die Schäden, die chemische Düngemittel und intensive Landwirtschaft an den Ökosystemen verursachen.

ESPARSETTENHONIG

Pflanze Botanischer Name: *Onobrychis viciifolia Scop.* Futterpflanze mit intensiver Blüte, die von den Züchtern einst für ihre Nährwerte geschätzt wurde.

Herkunft Früher in ganz Mitteleuropa häufig angebaut, gibt es heutzutage kaum noch großflächigen Esparsettenanbau. Die Esparsette war seit alters her eine für Pferde und Wiederkäuer eingesetzte Futterpflanze. In den letzten Jahrzehnten verlor sie jedoch zugunsten der ertragsstärkeren Futterpflanzen Klee und Luzerne stark an Bedeutung.

Blüte und Ernte Je nach Anbaugebiet von Juni bis August.

Farbe Hell bernsteinfarben bis blassgelb.

Geschmack Mild im Geschmack und stark duftend, hat Esparsettenhonig einen langen Abgang. Er schmeckt ein wenig krautig und kann auch ein zitroniges Aroma annehmen, was so manchen an Eisenkraut denken lässt.

Konsistenz Flüssig bei der Ernte, kristallisiert er im Laufe der Zeit mehr oder weniger körnig.

KURZ GESAGT UND GUT GENASCHT
Dank seines delikaten Aromas begehrten ihn die Reichen und Adligen, und lange Zeit war er der am meisten geschätzte Honig. Noch heute gilt er als köstliche Rarität.

TANNENHONIG

Pflanze Botanischer Name: *Albies alba Mill*. Die auch als Pektintanne bezeichnete Weißtanne kann bis zu 60 Meter hoch werden und wird wie alle Nadelbäume vom Wind „bestäubt".

Herkunft Die Weißtanne ist ein Symbol der Gebirgsregionen und gedeiht in allen Wäldern mit einer Meereshöhe von 500 bis 2000 Metern, insbesondere in Wäldern mit hoher Luftfeuchtigkeit. In Deutschland stammt Tannenhonig meist aus dem Schwarzwald und ist allein schon deshalb eine Spezialität. Er wird aber auch aus Österreich und anderen osteuropäischen Ländern importiert.

Blüte und Ernte Strenggenommen haben Tannen keine Blütezeit. Es geht auch mehr um den Honigtau, der von den Bienen abhängig von Region und Temperatur zwischen Juni und August geerntet wird.

Farbe Dunkelrot bis schwarz.

Geschmack Der eher milde Honig schmeckt süß, sehr ausgewogen, leicht malzig und balsamisch.

Konsistenz Honig, der fast nie kristallisiert, seine Konsistenz entwickelt sich von flüssig zu sirupartig.

KURZ GESAGT UND GUT GENASCHT
Der Winterhonig schlechthin, sehr geschätzt für seine wohltuenden Wirkungen für alle saisonalen Unpässlichkeiten (Erkältung, Halsschmerzen usw.). Auch Konditoren verwenden ihn gerne für ihre Lebkuchenzubereitungen. Er lässt sich wunderbar mit frischem und gereiftem Käse kombinieren und eignet sich hervorragend für Gerichte mit langen Kochzeiten.

DER HONIGTAU

Honigtau ist nach dem Nektar die zweite süße Nahrungsquelle der Bienen. Er entsteht durch kleine saugende oder parasitäre Insekten (Blattläuse, Mehlwanzen, Zikaden usw.), die sich vom Saft bestimmter Pflanzen, meist Nadelbäume, ernähren und ihn anschließend in Form klebrig-süßer Tröpfchen (Honigtau) ausscheiden. Honigtau ist daher nur eine Drüsenabsonderung kleiner Insekten. Die Bienen jedoch lieben ihn und verwandeln ihn wiederum in Honig.

BUCHWEIZENHONIG

Pflanze Botanischer Name: *Fagopyrum esculentum Moench*. Trotz seines Namens ist der Buchweizen mit seinen schwarzen und dreieckigen Samen entgegen der landläufigen Meinung kein Getreide, sondern gehört zur Familie der Knöterichgewächse.

Herkunft Früher häufiger auf kieselsäurehaltigen Böden angebaut, wird Buchweizen heute trotz seiner Widerstandsfähigkeit und seines raschen (natürlichen) Wachstums weitestgehend vernachlässigt. Auch als Bienenweide wird er nur noch vereinzelt angebaut, deshalb muss Buchweizenhonig heute häufig aus China und Kanada eingeführt werden.

Blüte und Ernte Blüht von Juni bis September und wird in der Regel Ende September geerntet.

Farbe Schwarz, kann je nach Ernte auch grünlich schimmern.

Geschmack Im Gegensatz zu den meisten anderen Honigen, weist Buchweizenhonig einen sehr kräftigen, aromatischen und nur leicht süßlichen Geschmack auf. Abgerundet wird er durch ein intensives Getreidearoma.

Konsistenz Bei der Ernte flüssig, kristallisiert er anschließend fein.

KURZ GESAGT UND GUT GENASCHT
Dieser sehr kräftige Honig schmeckt neben herkömmlichen Anwendungen (Lebkuchen usw.) auch auf Pfannkuchen äußerst köstlich. Er ist übrigens auch einer der wenigen Honige, die sich hervorragend zum Süßen von Kaffee eignen.

THYMIANHONIG

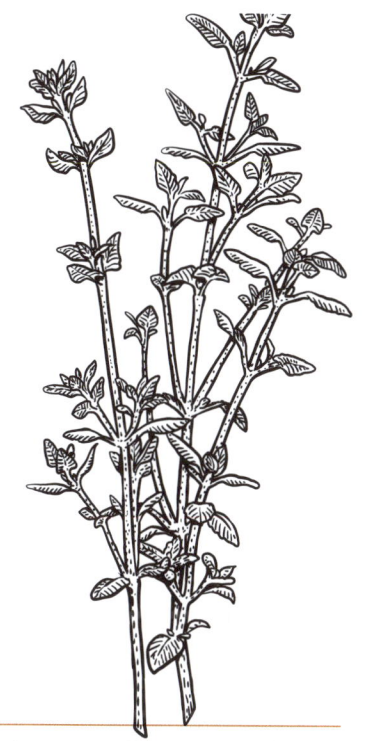

Pflanze Botanischer Name: *Thymus vulgaris L.* Aromatische Pflanze, reich an ätherischen Ölen, mit einem unvergleichlichen Geruch und als Heilkraut bekannt. Er wächst in kleinen Büschen und kann bis zu 30 Zentimeter hoch werden.

Herkunft Thymian gehört zu den Wahrzeichen der südeuropäischen Küche. Er ist vor allem aus den Trockengebieten des Mittelmeerraums bekannt. Da die deutsche Produktion von Thymianhonig weitgehend unzureichend ist, wird er vor allem aus Spanien und Griechenland importiert. Manchmal findet man auch Thymianhonig aus Marokko.

Blüte und Ernte Blüht von Anfang April bis Ende Mai, wird im Juni geerntet.

Farbe Bei der Ernte ist der Honig orange-gelb, im Laufe der Zeit kann er dunkelbraun werden.

Geschmack Im Allgemeinen moschusartig und leicht würzig. Je nach Thymiankonzentration und Erntezeit kann er einen recht langen Nachhall haben.

Konsistenz Bei der Ernte ist Thymianhonig flüssig, kann aber anschließend fein kristallisieren.

KURZ GESAGT UND GUT GENASCHT
Dank seiner Inhaltsstoffe und der ätherischen Öle besitzt Thymianhonig eine antibakterielle und antiseptische Wirkung und macht sich gut in winterlichen Kräutertees. Auch kulinarisch eignet er sich insbesondere als Zuckerguss und in Kombination zu reifem und würzigem Käse.

LINDENHONIG

Pflanze Botanische Namen: *Tilia cordata Mill.* (für die kleinblättrige Winterlinde) oder *Tilia platyphyllos Scop.* (für die großblättrige Sommerlinde). Großer Baum, der mehr als 30 Meter hoch werden kann. Seine kleinen grünlich-gelben, nektar- und pollenreichen Blüten riechen intensiv und sind daher für viele Insekten attraktiv. Die kurze, aber sehr intensive Blüte macht diesen Baum für die Honigproduktion interessant.

Herkunft In Deutschland sind vor allem Winterlinde Sommerlinde und Silberlinde verbreitet. Hinzu kommen einige Hybriden dieser Arten.

Blüte und Ernte Kurze Blüte im späten Frühling und Ernte von Ende Juni bis Ende Juli je nach Regionen und Höhe.

Farbe Je nach Gehalt des Honigtaus weiß bis bernsteinfarben.

Geschmack Lindenhonig ist kräftig im Geschmack uns sein Minzaroma ist sein Hauptindikator.

Konsistenz Je nach Honigtaugehalt cremig bis kristallisiert.

KURZ GESAGT UND GUT GENASCHT
Die entspannenden Eigenschaften und sein frischer Geschmack machen ihn zu einem idealen Süßungsmittel für einen entspannenden Kräutertee vor dem Zubettgehen.

SONNENBLUMENHONIG

Pflanze Botanischer Name: *Helianthus annuus L.* Die Sonnenblume kann bis zu 4 Meter hoch werden und wird in Europa vor allem wegen ihrer ölreichen Samen angebaut. Sie ist nach dem Raps die zweitwichtigste Ölfrucht.

Herkunft Die ursprünglich aus Amerika stammende Pflanze wird heutzutage auf der ganzen Welt angebaut. In Deutschland allerdings besetzt sie mit insgesamt 20 000 Hektar Anbaufläche eher eine Nische, was wohl am feucht-kühlen Klima unserer Breiten liegt.

Blüte und Ernte Je nach Anbaugebiet Juni bis September.

Farbe Hellgelb, wird mit der Zeit noch heller.

Geschmack Fein fruchtig und aromatisch, bleibt auch im Nachgang lebendig. Kann nach frischer Butter duften.

Konsistenz Bei der Ernte flüssig, kristallisiert Sonnenblumenhonig sehr schnell und meist fein. Es kann jedoch auch vorkommen, dass er im Winter körnig wird und eine feste Konsistenz annimmt.

KURZ GESAGT UND GUT GENASCHT
Die Sonnenblume, die zweite Ölkultur in Europa, ist vollständig von der Bestäubung durch die Bienen abhängig. Paradoxerweise gehört sie jedoch zu den am meisten chemisch behandelten Pflanzen, die in den letzten Jahren zu den größten Zerstörern der Bienenvölker avanciert sind.

KLEEHONIG

Pflanze Botanischer Name: *Trifolium repens L.* Diese bis zu 30 Zentimeter hohe Kräuterpflanze, auch Weißklee genannt, wird von einer haarigen, weißen Kelchblüte überragt und ist als wertvolle Bienenweide bekannt.

Herkunft Der Großteil des Kleehonigs wird heutzutage aus Neuseeland und Kanada importiert, deutscher Kleehonig ist eine Rarität, die vorzugsweise in den Küstenregionen geerntet wird.

Blüte und Ernte Mai bis Oktober.

Farbe Weiß bis bernsteinfarben.

Geschmack Süßer Honig mit einer leicht säuerlichen Note, die an Karamell erinnern kann.

Konsistenz Bei der Ernte flüssig, kristallisiert Kleehonig im Laufe der Zeit sehr fein.

KURZ GESAGT UND GUT GENASCHT

Wie viele andere Wildpflanzenhonige ist auch dieser Honig immer seltener zu finden. Wie die Landwirte haben sich auch die Imker in den letzten 20 Jahren von diesen Nischensorten abgewendet, um sich der Honigtracht von Feldfrüchten zu widmen, die weniger restriktiv in der Bewirtschaftung der Bienenstöcke und regelmäßiger in der Ernte sind. Dennoch bemühen sich heute einige Imker, diese alten Sorten wieder aufzuwerten. Ihre Arbeit ist unerlässlich für die Erhaltung unserer einzigartigen Flora und unseres Ökosystems, das durch Monokulturen und vor allem chemische Landwirtschaft stark geschädigt ist.

KIRSCHBLÜTENHONIG

Pflanze Botanischer Name: *Prunus cerasus L.* Bis zu 25 Meter hohe Obstbäume mit weißen, pollenreichen Blüten, aus denen sich anschließend die Kirschen entwickeln.

Herkunft Obwohl der Kirschbaum in vielen deutschen Obstgärten vertreten ist, wird sortenreiner Kirschblütenhonig in Deutschland nur äußerst selten geerntet. Die größten Produktionsgebiete liegen heute in Spanien und Italien.

Blüte und Ernte Ende April bis Anfang Mai.

Farbe Orangerot bis dunkelrot

Geschmack Weich und blumig mit einer leichten Säure im Abgang. Es können auch Pflaumenaromen enthalten sein.

Konsistenz Bei der Ernte flüssig, kristallisiert Kirschhonig im Laufe der Zeit nur selten.

KURZ GESAGT UND GUT GENASCHT
Auf Brot oder Toast schmeckt er hervorragend, eignet sich aber auch als Süßungsmittel für Heißgetränke, Joghurt oder einige Kochrezepte. Er hat entgiftende Eigenschaften, ist reich an Vitaminen und Mineralstoffen und ein ausgezeichnetes Diuretikum.

STECHPALMENHONIG

Pflanze Botanischer Name: *Ilex aquifolium L.* Kleiner Baum mit würzigen Blättern, seine roten Früchte gelten als symbolische Weihnachtsdekoration.

Herkunft. Europäischer Stechpalmenhonig ist eher selten. Der Großteil dieses Honigs wird in Südamerika geerntet, wo die Blätter dieses Strauchs zur Herstellung von Mate verwendet werden.

Blüte und Ernte Die im Allgemeinen sehr geringe Honigtracht findet von Juni bis August statt.

Farbe Bernsteinfarben.

Geschmack Weicher und holziger Geschmack.

Konsistenz Schnelle und feine Kristallisation.

KURZ GESAGT UND GUT GENASCHT
Es gibt sehr viele Stechpalmensorten. In Deutschland existiert nur eine mehr als 300 Jahre alte Sorte, die nur zu Dekorationszwecken verwendet wird. Weltweit gibt es allerdings mindestens 300 Sorten. Stechpalmenhonig hat harntreibende und anregende Eigenschaften.

KAROTTENHONIG

Pflanze Botanischer Name: *Daucus Carota L.* Auch als Wilde Möhre bezeichnet, ist sie die Urahnin aller gängigen Karottensorten.

Herkunft Diese Sorte, die vor langer Zeit aus Kleinasien importiert wurde, ist heute in ganz Mitteleuropa verbreitet. Die großen weißen Blüten, die wegen ihres Nektars von vielen Insekten aufgesucht werden, lieben leichte und kalkhaltige Böden.

Blüte und Ernte Juni bis September.

Farbe Orangerot.

Geschmack Honig mit Charakter, dessen leicht erdige Aromen im Abgang denen von rohen Möhren ähneln. Unvergleichlich!

Konsistenz Kristallisiert fein und sehr schnell.

KURZ GESAGT UND GUT GENASCHT
Dieser Honig ist einer der wenigen, in denen wir den natürlichen Geschmack des Gemüses wiederfinden können. Er eignet sich ideal für süße wie auch herzhafte Gerichte und wird von einigen Küchenchefs für die Zubereitung von gebackenem Camembert verwendet.

WEISSDORNHONIG

Pflanze Botanischer Name: *Crataegus monogyna Jacq.* Zierstrauch mit dornigen Zweigen bis zu einer Höhe von 10 Metern. Seine Blüten enthalten reichlich Pollen und Nektar und sind daher bei den Bienen sehr beliebt.

Herkunft Früher wuchs Weißdorn in unseren Breiten fast überall, da er sehr gerne zum Anpflanzen von Hecken verwendet wurde. Doch heute sind Weißdornhecken zugunsten anderer Heckenpflanzen weitgehend verschwunden, und so wurde Weißdornhonig zu einer wahren Rarität.

Blüte und Ernte April bis Mai.

Farbe Hellbraun bei der Ernte, dann im Laufe der Zeit zu hellem Bernstein wechselnd.

Geschmack Süß und leicht fruchtig, hat einen langen Abgang und ist bekannt für seine Finesse.

Konsistenz Bei der Ernte flüssig, kristallisiert er fein und innerhalb kurzer Zeit.

KURZ GESAGT UND GUT GENASCHT
Weißdorn blüht zu einer Zeit, in der es noch recht regnerisch sein kann. Da die Blüten sehr zerbrechlich sind, fällt die Ernte oft gering aus und ist von vielen Zufällen abhängig. Sein feines und zartes Aroma ist bei Liebhabern und insbesondere bei Käsefreunden, die diesen Honig beispielsweise gerne zu einem würzigen Rohmilchkäse servieren, sehr gefragt.

LITSCHIHONIG

Pflanze Botanischer Name: *Litchi chinensis*. Tropischer Baum mit kleinen weißen Blüten, aus denen sich kleine Früchte mit weißem Fruchtfleisch und einer harten, roten Schale entwickeln. Diese Früchte schmecken ähnlich wie Trauben und sind am Jahresende (wenn sie geerntet werden) aus unseren Obstkörben kaum noch wegzudenken.

Herkunft Dieser sehr kälteempfindliche Baum stammt aus China. Er kommt auch in anderen asiatischen Ländern wie Thailand vor, aber die besten Ernten stammen heute aus Réunion und Madagaskar, an deren Küsten die Bäume hervorragend gedeihen.

Blüte und Ernte Blüht von August bis September, je nach Region werden die Früchte im Oktober geerntet.

Farbe Bernsteinfarben.

Geschmack Sehr kraftvoller Honig mit nachhaltigen Aromen von Quitte und Rose. Je nach Ernteort und Art der Bienenzucht kann er leicht rauchig schmecken.

Konsistenz Bei der Ernte flüssig, kristallisiert Litschihonig schnell und oft recht körnig.

KURZ GESAGT UND GUT GENASCHT
Dieser ganz besondere Honig wird von den Imkern aufgrund seiner aromatischen Komplexität als einer der weltweit besten angesehen. Ideal zum Würzen eines Obstsalats (vorzugsweise exotisch), wird er auch in der schmackhaften Küche Réunions zum Glasieren einer Entenbrust verwendet.

AVOCADOHONIG

Pflanze Botanischer Name: *Persea americana*. Der große Obstbaum aus der Familie der Lorbeergewächse kann bis zu 20 Meter hoch werden und wird wegen seiner vitamin- und fettreichen Früchte angebaut, die je nach Sorte und Ernteland bis zu 1 Kilogramm wiegen können.

Herkunft Ursprünglich in Südamerika, vor allem in Guatemala und Mexiko beheimatet, werden viele Sorten heute auch in anderen heißen Regionen weltweit (Réunion, Indonesien usw.) angebaut.

Blüte und Ernte In Südamerika von Juni bis August.

Farbe Rötlich bis schwarz.

Geschmack Dieser Honig duftet stark nach schwarzem Trüffel (*Tuber Melanosporum*). Auch geschmacklich ist das Trüffelaroma neben einem Hauch von Balsamico-Aromen, Muscovadozucker und braunem Rum noch erhalten.

Konsistenz Flüssig bis sirupartig.

KURZ GESAGT UND GUT GENASCHT
Dieser seltene Honig ist in den feinsten Restaurants und Küchen sehr beliebt. Während einige Köche ihn gerne zu einem Käse servieren oder weißes Fleisch mit ihm glasieren, ist er auch für die besten Barkeeper der Welt eine beliebte Zutat. Sie wissen ihn vor allem für ihre Rumcocktails zu schätzen. Auch als Süßungsmittel für Heißgetränke und Joghurts eignet er sich hervorragend.

LEDERBAUMHONIG

Pflanze Botanischer Name: *Eucryphia lucida*. Die Tasmanische Scheinulme, auch Lederholzbaum genannt, kann bis zu 20 Meter hoch werden und ist entfernt mit dem Eukalyptusbaum verwandt.

Herkunft Ausschließlich im Nordwesten Tasmaniens vorkommender Regenwaldbaum.

Blüte und Ernte Mai bis Juli.

Farbe Rötlich.

Geschmack Sein Geschmack ist einzigartig. Am Gaumen sehr frisch, mit Noten von Gewürzen und exotischen Früchten. Manche schmecken ein leichtes Teearoma heraus.

Konsistenz Flüssig, dann im Laufe der Zeit feine Kristallisation.

KURZ GESAGT UND GUT GENASCHT
Sehr seltener und symbolträchtiger Honig unter eingeweihten Honigfreunden. Dank seines natürlichen Bonbonaromas schmeckt er auch den Menschen, die eigentlich keinen Honig mögen. Kinder lieben ihn! Kürzlich hat ein bekannter Barista ihn zu einem köstlichen Eiskaffee serviert ... Unglaublich!!

WARUM FINDEN WIR DEN GESCHMACK VON FRÜCHTEN ODER PFLANZEN NICHT IM HONIG WIEDER?

Auch wenn ein Bienenschwarm nur Kirschbäume aufsucht, wird der Honig nicht nach Kirschen schmecken – und das ist völlig normal. Bienen sammeln nur Nektar und Pollen. Sie greifen also ein, bevor die Frucht entsteht. Nur in seltenen Fällen bleiben im Honig einige Geschmacksmarker erhalten. In guten Jahren etwa ist es nicht ungewöhnlich, dass Zitronenhonig einige leichte Zitrusnoten enthält, die aber nur von geübten Gaumen erkannt werden. Honig, der die Frucht zu stark betont, sollte Sie immer alarmieren. So manche skrupellose Imker setzen Aromastoffe oder ätherische Öle zu, um den Geschmack minderwertigen Honigs aufzupäppeln.

HEIDELBEERHONIG

Pflanze Botanischer Name: *Vaccinium myrtillus L.* Gebirgsstrauch aus der Familie der Preiselbeeren, der vor allem für seine kleinen blauen Beeren bekannt ist. Sie werden häufig für die Zubereitung von Desserts und Marmeladen verwendet.

Herkunft In Mitteleuropa finden wir die Heidelbeere meist in den Wäldern und Lichtungen bergiger Regionen. Heute wird ein Großteil des Heidelbeerhonigs in Kanada produziert, wo er als Blaubeerhonig bezeichnet wird.

Blüte und Ernte April bis Juni.

Farbe Bei der Ernte purpurfarben, wird er mit der Zeit rötlicher.

Geschmack Dieser süße Honig ist einer der wenigen, in denen wir den Geschmack der Beeren wiederfinden. Im Abgang schmecken wir leichte Noten von Heidelbeerkuchen …

Konsistenz Bei der Ernte flüssig, kristallisiert er im Laufe der Zeit und wird mehr oder weniger körnig.

KURZ GESAGT UND GUT GENASCHT
Dank seines zarten Heidelbeeraromas eignet er sich hervorragend zum Glasieren eines Heidelbeerkuchens nach dem Backen oder als Zuckerersatz in einem Sorbet aus roten Früchten.

APFELHONIG

Baum Botanischer Name: *Malus domestica Borkh.* Obstbaum mit unzähligen Sorten. Seine intensive Blüte ist eine großartige Nektar- und Pollenquelle.

Herkunft Der Apfelbaum ist einer der am weitesten verbreiteten Obstbäume in Europa. Er hat sowohl in Obst- und Ziergärten als auch in freier Natur seinen festen Platz.

Blüte und Ernte April bis Mai.

Farbe Weiß bis bernsteinfarben.

Geschmack Apfelhonig ist verwirrend. Bei der Verkostung können die ersten Noten auf Artischocke hinweisen. Falls die Konzentration an Apfelpollen besonders hoch ist, kommt das Aroma nach fermentierten Äpfeln hinzu, die Sie zu einem Ausflug in den Apfelweinkeller mitnehmen. Eine echte Reise!

Konsistenz Cremig bis kristallisiert.

KURZ GESAGT UND GUT GENASCHT

Obwohl es in unseren Regionen überall Apfelbäume gibt, sind Apfelhonigernten eher selten. In der Tat sind diese eine echte Herausforderung für einen Imker, vor allem wenn er sortenreinen Honig produzieren möchte. Die Apfelblüte dauert maximal 1 bis 5 Tage. Der Imker muss daher auf den Beginn der Blüte achten und seine Bienenstöcke exakt zu diesem Zeitpunkt in den Obstgarten stellen. Es gibt jedoch keine Garantie dafür, dass er tatsächlich Apfelhonig ernten wird. Zum einen müssen die Schwärme zu diesem Zeitpunkt ausreichend entwickelt sein, um den Nektar zu sammeln. Da die Bienen in einem Umkreis von 3 Kilometern um ihren Bienenstock Nektar sammeln, ist es nicht auszuschließen, dass in diesem Umkreis auch eine andere nektarreiche Pflanzensorte in Blüte steht. Da die Flora sich außerdem in jedem Jahr anders entwickelt, wird diese Imkerarbeit stark vom Zufall bestimmt, was die sortenreinen Honige sehr wertvoll macht.

MINZHONIG

Baum oder Pflanze Botanischer Name: *Mentha (piperita; aquatica; arvensis; longifolia; pulegium)*. Aromapflanzen par excellence, es gibt verschiedene Arten, die mehr oder weniger reich an ätherischen Ölen sind.

Herkunft Sehr weit verbreitet. Nicht nur in Mitteleuropa, sondern vor allem in Nordafrika und Südamerika.

Blüte und Ernte Je nach Region von Juli bis September.

Farbe Hellbraun.

Geschmack Minzhonig ist sehr selten. Er schmeckt besonders delikat und hat eine leichte Säure, die sich im Abgang mit köstlichen Pfefferminznoten vermischt.

Konsistenz Flüssig.

KURZ GESAGT UND GUT GENASCHT
Dank seiner dezenten Pfefferminznoten eignet er sich ideal zum Süßen eines Minztees oder des berühmten kubanischen Mojito. Auch als Zuckerersatz für einen Kuchen oder Fruchtsalat mit roten Beeren ist er sehr zu empfehlen.

WABENHONIG

Je nach Region auch als „Honigwabe" oder „Wabenstück" bezeichnet, findet der Honig in der Wabe immer mehr Anhänger. In der Tat vereint er all die wunderbaren Wohltaten, die ein Bienenstock zu bieten hat.

Wachs wird von den Bienen hergestellt, um die Kammern aufzubauen, in denen sie ihren Honig, ihre Brut und ihre Pollen lagern. Zusätzlich zu seiner wohltuenden Wirkung auf die Atemwege verleiht das Wachs dem Honig eine unvergleichliche Struktur.

Honig wird in den Waben gespeichert, sobald die Biene in den Bienenstock zurückkehrt.

Pollen sind im Bienenstock allgegenwärtig und befinden sich überall dort, wo die Bienen ihr Futter lagern, in den Waben, im Brutraum und natürlich im Honig. Da dieser Blütenstaub eine unvergleichliche Proteinquelle ist, liegen seine Vorzüge auf der Hand.

Propolis Dieses pflanzliche Harz mit seinen tausend Wirkstoffen, wird von den Bienen nach Bedarf produziert (es wird nicht im Bienenstock gelagert), Sie verwenden es unter anderem, um die Waben auszukleiden. In der Tat trägt Propolis dazu bei, dem Honig Feuchtigkeit zu entziehen. Sobald die Zellen mit Propolis versiegelt sind, ist der Honig „reif", d. h. er kann geerntet werden. Er ist jetzt nicht mehr zu feucht und kann gut konserviert werden.

KURZ GESAGT UND GUT GENASCHT
Wabenhonig wird von seinen Liebhabern besonders geschätzt, weil er naturbelassen und ursprünglich ist. Der Mensch greift nach der Ernte nicht ein. Wabenhonig wird auch wegen seiner unvergleichlichen Textur geschätzt, dank des Wachses ist er wunderbar knusprig. Manche bezeichnen ihn als den ersten Kaugummi der Welt. In Würfel geschnitten, ersetzt er die traditionelle Schokolade, die zum Kaffee oder Tee gereicht wird, und sorgt für kulinarischen Genuss voller wohltuender Wirkungen.

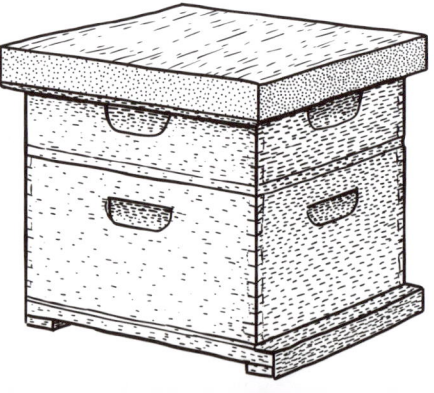

VORSICHT

Manche Imker legen Wachsblätter in die Rahmen, damit die Bienen schneller bauen können. Bei Wabenhonig sollte man aber darauf achten, dass die Bienen ihre Waben selbst herstellen. Der Honig ist dann leichter verdaulich und angenehmer im Geschmack.

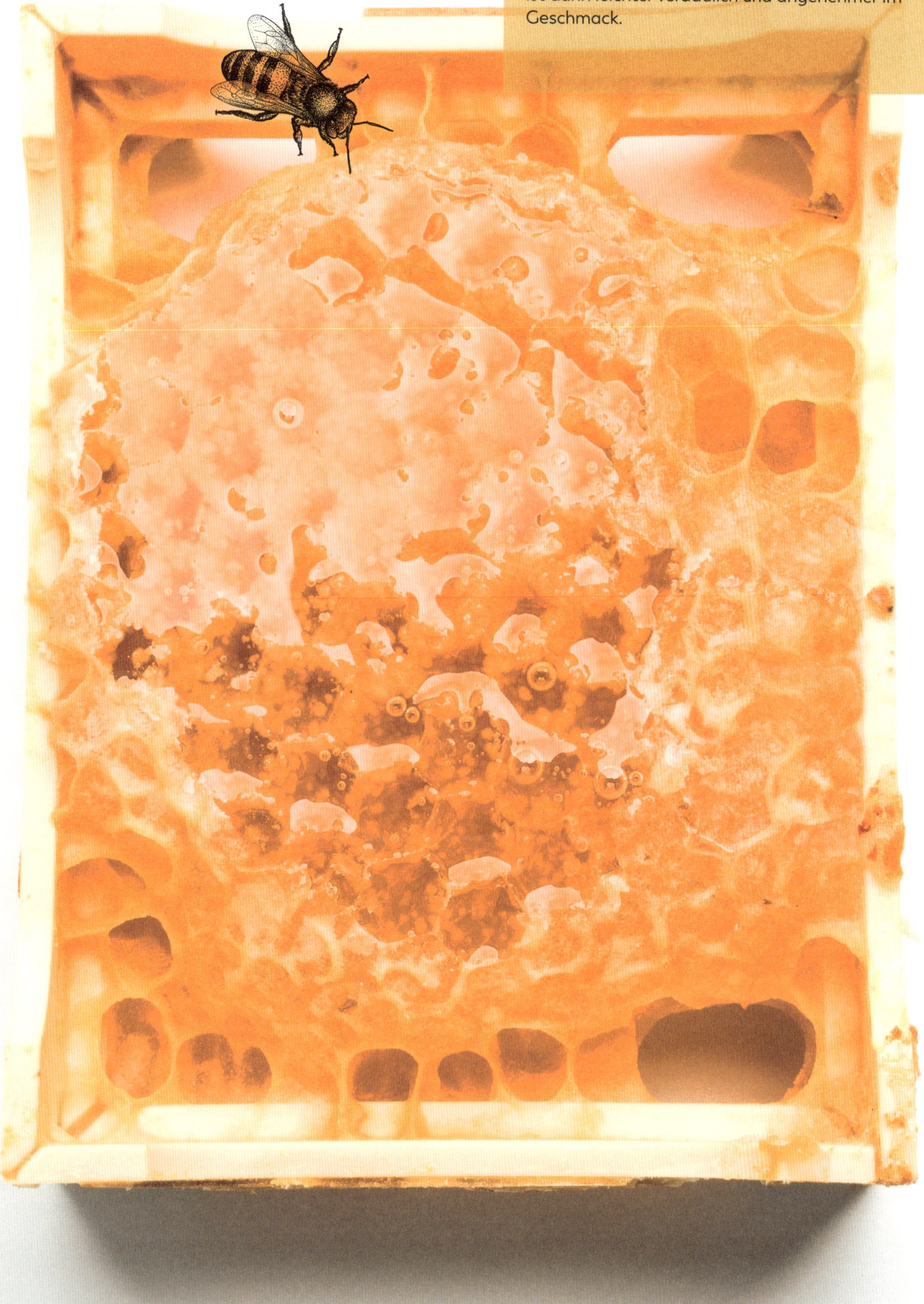

REZEPTE

KNUSPERMÜSLI MIT HONIG, ZIMT UND CRANBERRYS

VORBEREITUNGSZEIT: 15 MIN.
KOCHZEIT: 25 MIN.
PERSONEN: 6

- 50 g Mandeln
- 50 g Pekannüsse
- 100 g Akazienhonig
- 40 g Kokosöl
- 1 TL Zimtpulver
- 1 Prise Salz
- 250 g Haferflocken
- 50 g Cranberrys

Den Backofen auf 160 °C vorheizen.

Mandeln und Pekannüsse grob hacken.

Honig, Kokosöl, Zimtpulver und Salz in einen Topf geben und bei sehr schwacher Hitze zerlassen. Den Herd ausschalten. Haferflocken, Mandeln und Pekannüsse zugeben und sorgfältig untermischen.

Ein Backblech mit Backpapier auslegen und die Mischung darauf verteilen. 25 Minuten unter gelegentlichem Wenden im Ofen backen. Abkühlen lassen und mit den Cranberrys bestreuen.

TIPPS & TRICKS
Dieses Knuspermüsli bleibt in einem Schraubglas oder einer verschlossenen Dose mehrere Tage frisch! Genießen Sie das Müsli pur, mit Milch oder, wie ich es am liebsten mag, mit griechischem Joghurt und 1 Teelöffel Salzkaramellcreme mit Honig (siehe Seite 127).

HEFEZOPF MIT HONIGGLASUR

VORBEREITUNGSZEIT: 30 MIN.
KOCHZEIT: 25 MIN.
RUHEZEIT: 2 STUNDEN
FÜR 2 ZÖPFE

Für den Teig
- 20 g frische Hefe
- 150 ml lauwarme Milch
- 525 g Mehl Type 405
- 8 g Salz
- 3 Eier
- 75 g Kastanienhonig
- 90 g weiche Butter

Zum Bestreichen
- 50 ml Milch

Für die Glasur
- 2 EL Kastanienhonig
- 2 EL brauner Rum

Die Hefe in der Milch verrühren und 10 Minuten ruhen lassen.

Mehl und Salz in einer Rührschüssel verrühren und in die Mitte eine Vertiefung drücken. Eier, Hefe-Milch-Mischung und Honig hineingeben. Auf niedriger Stufe etwa 10 Minuten mixen: Der Teig sollte sich leicht von den Schüsselwänden lösen und geschmeidig aussehen.

Nach und nach die Butter zugeben, dabei ständig weitermixen, bis der Teig gegen die Schüsselwand „schlägt", ohne daran haften zu bleiben. Mit einem sauberen, feuchten Küchentuch abdecken und an einem warmen, zugfreien Ort gehen lassen (zum Beispiel in einem auf 30 °C vorgeheizten Backofen).

Den Teig auf eine mit Mehl bestäubte Arbeitsfläche geben und mit den Händen kräftig durchkneten, damit sämtliche Luftblasen entweichen können. In 6 Teiglinge teilen und diese zu mindestens 30 cm langen Würsten rollen. 2 Zöpfe aus je 3 Würsten flechten und auf ein mit Backpapier ausgelegtes Backblech geben. Mit Milch bestreichen und weitere 50 Minuten an einem warmen Ort gehen lassen.

Den Backofen auf 180 °C vorheizen.

Die Zöpfe ein zweites Mal mit Milch bestreichen und 25 Minuten im Ofen backen.

Honig und Rum verrühren, die Zöpfe aus dem Ofen nehmen und sofort mit dieser Mischung bepinseln. Auf einem Rost abkühlen lassen.

TIPPS & TRICKS

Dies ist ein leichter, aromatischer Zopf ganz ohne Zucker! Der Honig bringt die notwendige Süße und verleiht ihm einen einzigartigen Geschmack.
Verwenden Sie vorzugsweise flüssigen Honig mit reiner, würziger Note: Waldhonig, Weidehonig, Tannenhonig …
Eine dicke Scheibe Zopf, ein nussgroßes Stück mild gewürzte Honigbutter (siehe Seite 123) oder rohe Himbeerkonfitüre mit Lavendelhonig (siehe Seite 128) – besser kann ein Tag nicht beginnen!
Wenn Sie keine frische Hefe finden, nehmen Sie einfach 2 Tütchen Trockenhefe!

IN HONIG UND THYMIAN GEBRATENER FETA

VORBEREITUNGSZEIT: 10 MIN.
KOCHZEIT: 20 MIN.
PERSONEN: 4

- 2 Zwiebeln
- 2 Feta (2 x 200 g)
- 60 g Waldhonig
- 4 EL Olivenöl
- 2 EL Balsamico-Essig
- ½ Bund Thymian
- Salz und Pfeffer

Den Backofen auf 180 °C vorheizen.

Die Zwiebeln schälen, fein hacken und in einer Auflaufform verteilen. Die beiden Fetastücke nebeneinander auf die Zwiebeln legen.

Honig, Olivenöl, Balsamico-Essig und Thymianblättchen verrühren. Salzen und pfeffern. Den Feta mit der Mischung bestreichen und etwa 20 Minuten im Ofen backen.

Löffelweise mit Rucola und geröstetem Brot genießen.

TIPPS & TRICKS

So zubereitet, werden Sie den Feta kaum wiedererkennen: Er wird weich, cremig und geschmacklich intensiver.

Wählen Sie für dieses Rezept einen passenden Honig: Ein Waldhonig ist perfekt, aber Sie können ebenso Berghonig, Kastanienhonig oder Heidehonig nehmen.

Sie haben noch ein wenig vom gebackenen Feta übrig? Sie können ihn problemlos im Kühlschrank aufbewahren: Er wird wieder fest und krümelig und passt hervorragend in einen Tomatensalat!

BRUSCHETTA MIT RICOTTA, HONIG UND FEIGEN

VORBEREITUNGSZEIT: 15 MIN.
KOCHZEIT: 15 MIN.
PERSONEN: 6

- 6 Scheiben Brot
- 250 g Ricotta
- 6 frische Feigen
- 80 g Kastanienhonig
- 4 Zweige Basilikum
- Fleur de Sel
- 1 TL Rosa Pfeffer

Den Backofen auf 180 °C vorheizen.

Ein Backblech mit Backpapier auslegen und die Brotscheiben nebeneinander auflegen. Das Brot mit dem Ricotta bestreichen. Die Feigen in dünne Scheiben schneiden und auf dem Ricotta verteilen.

Mit Honig bestreichen. Einige Basilikumblätter zerzupfen und darüber verteilen. Mit Fleur de Sel bestreuen. 15 Minuten im Ofen überbacken.

Die Beeren klein hacken. Die Bruschetta aus dem Ofen nehmen, mit Rosa Pfeffer und restlichem Basilikum bestreuen.

TIPPS & TRICKS
Pro Person 1 Bruschetta zu etwas Rucolasalat mit Honig-Vinaigrette (siehe Seite 124) servieren. Mit seinem kräftigen Aroma harmoniert der Kastanienhonig perfekt mit dem milden Geschmack von Ricotta und Feigen.

GLASIERTES FILET MIGNON MIT KRÄUTERN

VORBEREITUNGSZEIT: 20 MIN.
KOCHZEIT: 30-35 MIN.
MARINIERZEIT: 1 STUNDE
PERSONEN: 4

- 1 Filet Mignon vom Schwein (etwa 600 g)
- 2 EL Olivenöl
- 50 ml Honigessig
- 150 ml Wasser
- 400 g neue Kartoffeln
- ½ Bund Koriander

Für die Marinade:
- 1 Knoblauchzehe
- 1 cm frischer Ingwer
- 60 g Sonnenblumenhonig
- 80 ml Sojasauce
- 2 Sternanis
- 1 Zimtstange
- 2 Lorbeerblätter
- 3 Zweige Thymian
- 1 EL Olivenöl
- Pfeffer

Für die Marinade Knoblauch und Ingwer schälen und hacken. Mit allen anderen Zutaten für die Marinade sorgfältig vermischen. Das Fleisch auf einen Teller legen und rundum mit der Marinade bestreichen. Mit Frischhaltefolie abdecken und mindestens 1 Stunde im Kühlschrank marinieren.

Das Olivenöl in einem großen Schmortopf erhitzen. Die überschüssige Marinade vom Filet Mignon abschütteln, aber nicht weggießen. Das Fleisch von allen Seiten im Topf bräunen. Mit dem Honigessig abschrecken. Restliche Marinade und Wasser zugießen. Die geputzten Kartoffeln (kleinere ganz, größere halbiert) zugeben. Die Hitze reduzieren und unter regelmäßigem Rühren 30 Minuten schmoren.

Mit gehacktem Koriander bestreuen und servieren.

TIPPS & VARIATIONEN

Der intensiv gelbe und sehr cremige Sonnenblumenhonig ist mit seinem relativ neutralen Geschmack der perfekte Verbündete für dieses Rezept! Dank seines hohen Glukosegehalts kristallisiert dieser Honig sehr schnell: Sollte er zu fest sein, können Sie ihn in wenigen Minuten im heißen Wasserbad wieder verflüssigen, bevor sie ihn mit den anderen Zutaten für die Marinade verrühren.

Sie können den Honigessig auch durch Apfel- oder Sherryessig ersetzen. Auch trockener Weißwein eignet sich sehr gut.

GEBRATENER LACHS MIT SENF UND HONIG

VORBEREITUNGSZEIT: 10 MIN.
KOCHZEIT: 20 MIN.
MARINIERZEIT: 3 STUNDEN
PERSONEN: 4

- 70 g Heidehonig
- 3 EL Dijonsenf
- 1 Bund Dill
- 2 EL Olivenöl
- 4 Lachsstücke ohne Haut
- Salz und Pfeffer
- 2 Frühlingszwiebeln

Honig, Senf, gehackten Dill und Olivenöl verrühren. Die Fischstücke salzen, pfeffern und mit der Marinade bestreichen. Den Lachs in eine Auflaufform heben, mit Frischhaltefolie abdecken und mindestens 3 Stunden im Kühlschrank marinieren.

Den Backofen auf 180 °C vorheizen.

Die Folie abziehen und die Marinade gleichmäßig auf den Lachsstücken verteilen. 20 Minuten im Ofen backen.

Die Zwiebeln in feine Ringe schneiden und den gebratenen Lachs damit bestreuen.

TIPPS & TRICKS

Heidehonig mit seinem ausgeprägten, fast karamellartigen Geschmack eignet sich hervorragend für dieses Rezept und korrespondiert wunderbar mit der Schärfe des Senfs. Servieren Sie einen Salat aus Kirschtomaten und Avocados zu diesem Gericht!
Wenn Sie es eilig haben, braten Sie den Lachs direkt, ohne ihn zu marinieren: Die Aromen sind weniger entwickelt, ergeben aber dennoch eine schmackhafte Mahlzeit.

HÄHNCHEN MIT HONIGKARAMELL UND SESAM

VORBEREITUNGSZEIT: 20 MIN.
KOCHZEIT: 35 MIN.
PERSONEN: 4

- 4 Hähnchenbrustfilets ohne Haut
- 2 Zwiebeln
- 2 EL Erdnussöl
- 2 EL Sojasoße
- 3 EL Vielblütenhonig
- 250 ml Hühnerbrühe
- 2 EL Sesamsamen
- 4 Zweige Thaibasilikum
- Pfeffer

Das Hähnchenfleisch in große Würfel schneiden. Die Zwiebeln schälen und fein hacken.

Das Öl in einer großen Pfanne erhitzen. Hähnchenwürfel und Zwiebeln darin goldgelb anbraten. Sojasoße, Honig und Hühnerbrühe zugießen, die Hitze reduzieren und langsam aufkochen. 20–25 Minuten köcheln.

Sobald die Soße sämig ist, die Sesamsamen zugeben und alles gut durchmischen, damit die Fleischwürfel rundum mit dem Karamell überzogen sind.

Mit Thaibasilikum und Pfeffer bestreuen und zu weißem Reis servieren.

TIPPS & TRICKS

Überwachen Sie den Kochvorgang sorgfältig, sobald die Soße eindickt. Sie darf nicht zu sehr karamellisieren, sonst wird sie zu bitter!
Für einen intensiveren Sesamgeschmack ersetzen Sie 1 Esslöffel Erdnussöl durch 1 Esslöffel Sesamöl.

GEBACKENER CAMEMBERT MIT HONIG, ROSMARIN UND NÜSSEN

VORBEREITUNGSZEIT: 10 MIN.
KOCHZEIT: 15 MIN.
PERSONEN: 4

- 1 junger Camembert
- 2 EL Lindenhonig
- 1 Zweig Rosmarin
- 2 EL Mandeln
- 2 EL Haselnüsse
- Pfeffer

Den Backofen auf 200 °C vorheizen.

Ein großes Stück Alufolie ausbreiten und 1 Blatt Backpapier darüberlegen. Den Camembert aus der Verpackung nehmen und in die Mitte legen. Die Oberfläche des Käses in regelmäßigen Abständen einritzen. Honig, Rosmarin und grob gehackte Nüsse darüber verteilen und mit Pfeffer bestreuen.

Den Käse fest mit Backpapier und Alufolie umschließen und 15 Minuten im Ofen backen.

Mit geröstetem Brot und einem Salat aus jungen Sprossen servieren.

VARIATION
Sie können auch Rosmarinhonig oder eine würzigere Sorte wie zum Beispiel Tannenhonig verwenden.

MIT HONIG GLASIERTE KAROTTEN UND GRAPEFRUITS

VORBEREITUNGSZEIT: 20 MIN.
KOCHZEIT: 35 MIN.
PERSONEN: 4

- 10–12 junge Karotten
- 2 Grapefruits
- 1 EL Kokosöl
- 2 EL Rosmarinhonig
- Salz und Pfeffer
- 40 g Kokosflocken

Die Karotten schälen und je nach Größe längs halbieren oder vierteln. Die Grapefruits sorgfältig schälen und filettieren. Den Saft auffangen.

Kokosöl, Honig, Karotten und Grapefruitsaft in eine große Pfanne geben, salzen und pfeffern. Bei mittlerer Hitze zugedeckt unter gelegentlichem Rühren 25 Minuten köcheln. Den Deckel abnehmen und weiter köcheln, bis die Flüssigkeit fast ganz verdampft ist und die Karotten Glanz angenommen haben.

Die Karotten auf einen Teller heben. Nun die Grapefruitfilets in der Pfanne karamellisieren. Zu den Karotten geben.
Die Kokosflocken in einer Pfanne ohne Fett rösten und anschließend über die Karotten streuen.

Sofort servieren.

TIPPS & TRICKS

Dieses einfache und originelle Rezept vereint in wunderbarer Weise die Süße von Honig und Karotten mit dem bitteren Aroma der Grapefruits. Veredelt durch die knusprigen und geschmackvollen Kokosflocken ist dieses Gericht eine großartige Beilage zu weißem Fleisch wie Huhn, Filet Mignon, Kalbfleisch oder auch einem Schweinekotelett.
Der Rosmarinhonig schmeckt nicht, wie man vielleicht glauben würde, nach der Pflanze, deren Namen er trägt. In Geschmack und Konsistenz erinnert er mit seinen delikat blumigen Noten eher an Akazienhonig.

IN WALDHONIG GESCHMORTE ENDIVIEN UND FENCHEL

VORBEREITUNGSZEIT: 20 MIN.
KOCHZEIT: 35 MIN.
PERSONEN: 4

- 3 Fenchelknollen
- 4 Endivienköpfe
- 2 weiße Zwiebeln
- 2 EL Olivenöl
- 3 EL Waldhonig
- 1 TL Koriandersamen
- 3 grüne Kardamomkapseln
- 5 Zweige Thymian
- Salz und Pfeffer

Das Gemüse waschen. Die Fenchelknollen vierteln, die Endivienköpfe der Länge nach halbieren. Die Zwiebeln schälen und vierteln.

Das Olivenöl in einem Topf erhitzen, die Gemüse zugeben und einige Minuten andünsten. Honig, Koriandersamen, Kardamomkapseln und Thymian zufügen. Salzen, pfeffern und etwa 20 Minuten zugedeckt köcheln.

Anschließend den Deckel abnehmen und weitere 5–10 Minuten köcheln, dabei vorsichtig umrühren, bis die Gemüse karamellisiert sind.

Sofort servieren.

TIPP
Diese Beilage passt besonders gut zu weißem Fisch.

ORANGENSOSSE MIT HONIG

VORBEREITUNGSZEIT: 20 MIN.
KOCHZEIT: 25 MIN.
PERSONEN: 4-6

- 2 Orangen
- 1 Zwiebel
- 1 Knoblauchzehe
- 2 EL Olivenöl
- 50 ml Honigessig
- 1 EL Cointreau® oder Grand Marnier
- 50 g Faulbaumhonig
- 1 TL Worcestersoße
- 500 ml Gemüsebrühe
- 1 EL Maisstärke
- Salz und Pfeffer

Die Orangen pressen. Die Schale mit einem Schälmesser entfernen und in feine Streifen schneiden. In einen Topf geben, mit kaltem Wasser bedecken und aufkochen. Das Wasser abgießen und den Vorgang noch zweimal wiederholen. So wird den Zesten die Bitterkeit entzogen.

Zwiebel und Knoblauch schälen und hacken. Das Olivenöl in einem Topf erhitzen und Zwiebel und Knoblauch darin Farbe annehmen lassen.

Mit Essig, Cointreau und Orangensaft ablöschen. Sobald die Flüssigkeit fast vollständig verdampft ist, Honig, Worcestersoße und Gemüsebrühe zugießen. Um die Hälfte einkochen lassen und dann mit einem Pürierstab durchmixen.

Die Maisstärke in etwas kaltem Wasser auflösen und in die Soße gießen, um sie zu binden. Sorgfältig durchmixen. Die Orangenzesten unterrühren und abschmecken.

TIPP
Diese leichte und fruchtige Soße ist eine wunderbare Begleitung zu gegrilltem Geflügel (Huhn, Ente), aber auch zu einem im Ofen gegarten weißen Fisch. Auch zu weißem Reis passt sie hervorragend. Sie verkörpert ein ausgewogenes Verhältnis zwischen Süße durch den Honig und Säure durch Honigessig und Orangen.

MILD GEWÜRZTE HONIGBUTTER

VORBEREITUNGSZEIT: 5 MIN.
KOCHZEIT: KEINE
PERSONEN: 8

- 1 Vanilleschote
- 160 g weiche Butter
- 120 g Lavendelhonig
- ¼ TL Zimtpulver
- ¼ TL geriebener Ingwer
- 1 Prise Fleur de Sel

Die Vanilleschote der Länge nach aufschneiden und das Mark herauskratzen. Die Schote anderweitig verwenden. Butter, Honig, Vanillemark, Gewürze und Salz in einer Rührschüssel mit dem elektrischen Handrührgerät zu einer luftigen Creme verrühren.

Sofort als Brotaufstrich verwenden oder im Kühlschrank aufbewahren. Mit Frischhaltefolie abgedeckt hält sich die Butter circa eine Woche im Kühlschrank.

TIPPS & TRICKS
Aromatisch, cremig und süß: Diese Butter wird zweifellos in den Mittelpunkt Ihres Frühstücks rücken! Sie können sie auch zum Einkochen von Früchten verwenden.
Alle Zutaten sollten bei Zimmertemperatur verarbeitet werden, da die Butter nur so wirklich cremig wird.

HONIG-VINAIGRETTE

VORBEREITUNGSZEIT: 5 MIN.
KOCHZEIT: KEINE
FÜR 1 SCHÄLCHEN VINAIGRETTE

- 40 g Buchweizenhonig
- Saft von 1 Zitrone
- 2 EL Honigessig
- 6 EL Olivenöl
- 8 Spritzer Tabasco
- Salz und Pfeffer

Honig und Zitronensaft verrühren.

Die restlichen Zutaten zufügen und alles sorgfältig vermischen.

TIPPS & TRICKS
Geben Sie ein wenig frische Petersilie oder Dill hinzu.
Verwenden Sie diese süß-salzige Vinaigrette für einen knackigen grünen Salat oder einen Tomaten-Feta-Salat.

SALZKARAMELLCREME MIT HONIG
(ZUCKERFREI, OHNE MILCHPRODUKTE)

VORBEREITUNGSZEIT: 30 MIN.
KOCHZEIT: 25–30 MIN.
FÜR 1 SCHÄLCHEN

- 100 g Rapshonig
- 400 ml Kokosmilch aus der Dose
- ½ TL Fleur de Sel
- 1 Vanilleschote

Den Honig in einen Topf geben und bei mittlerer Temperatur karamellisieren. Sobald er eine goldgelbe Farbe angenommen hat, Kokosmilch, Fleur de Sel, Vanillemark und längs halbierte Schote zugeben. Unter regelmäßigem Rühren etwa 25 Minuten köcheln, bis die Creme um die Hälfte eingekocht und schön sämig ist.

Die Karamellcreme in ein Glas füllen, bei Zimmertemperatur abkühlen lassen und im Kühlschrank aufbewahren.

TIPPS & TRICKS

Die Karamellcreme hält sich im Kühlschrank etwa eine Woche (wenn sie bis dahin überhaupt noch da ist). Verwenden Sie vorzugsweise Kokosmilch aus der Dose. Sie ist im Allgemeinen aromatischer und reichhaltiger (15–18 % Fettgehalt), wodurch sie der naturbelassenen, zucker- und milchfreien Sauce ihre cremige Konsistenz verleiht.
In Joghurt, auf Toast, mit einem lauwarmen, frisch gebackenen Kuchen genießen oder ganz einfach einen Teelöffel pur naschen!

ROHE HIMBEERKONFITÜRE MIT LAVENDELHONIG

VORBEREITUNGSZEIT: 5 MIN.
KOCHZEIT: KEINE
RUHEZEIT : 20 MIN.
FÜR 1 GLAS KONFITÜRE

- 200 g Himbeeren
- 75 g Lavendelhonig
- 40 g Chiasamen

Die Himbeeren waschen.

Alle Zutaten verrühren und in ein Marmeladenglas füllen. Mindestens 20 Minuten ziehen lassen. Im Kühlschrank aufbewahren.

TIPPS & TRICKS

Wenn gemahlene Chiasamen mit Flüssigkeit in Berührung kommen, entwickelt sich eine gelartige Masse, die einer Marmelade sehr nahe kommt. Da sie nicht gekocht wird, bleiben in dieser Konfitüre alle Mineralien und Vitamine der Früchte und des Honigs erhalten.

Das fest verschlossene Glas lässt sich maximal 4–5 Tage im Kühlschrank aufbewahren.
Sie können auch tiefgefrorene Himbeeren verarbeiten. Lassen Sie sie auftauen, bevor Sie sie für dieses Rezept verwenden. Natürlich können Sie diese Konfitüre auch mit Ihren Lieblingsfrüchten wie zum Beispiel Brombeeren zubereiten.

ERDBEERCARPACCIO MIT HONIG, PFEFFER UND BASILIKUM

VORBEREITUNGSZEIT: 10 MIN.
KOCHZEIT: KEINE
PERSONEN: 4

- 500 g Erdbeeren
- 50 g Zitrushonig
- Saft und Zesten von 1 Limette
- 4–5 Zweige Basilikum
- Pfeffer

Die Erdbeeren waschen, entstielen und in dünne Scheiben schneiden. Auf 4 Dessertschalen verteilen.

Honig und Limettensaft verrühren und über die Erdbeeren gießen. Das Basilikum fein hacken und über die Früchte streuen.

Zum Abschluss mit grob gemahlenem Pfeffer und Limettenzesten garnieren.

Sofort servieren!

TIPPS & TRICKS
Dieses leichte und fruchtige Dessert erfordert nur wenig Zeit!
Bereiten Sie es erst kurz vor dem Verzehr zu, damit die Erdbeeren schön bissfest bleiben.

KIRSCHAUFLAUF MIT HONIG UND PISTAZIEN

VORBEREITUNGSZEIT: 15 MIN.
KOCHZEIT: 25 MIN
PERSONEN: 4

- 500 g Kirschen
- 2 Eier
- 70 g Lavendelhonig
- 15 g Maisstärke
- 20 g gemahlene Pistazien
- 150 ml Sahne
- 1 EL Kirschwasser oder Cointreau®
- 2 EL Zucker
- 3 EL gehackte Pistazien

Den Backofen auf 180 °C vorheizen.

Die gewaschenen und entkernten Kirschen auf vier ofenfeste Auflaufförmchen verteilen. Eier, Honig, Maisstärke und gemahlene Pistazien zu einem glatten Teig verrühren. Sahne und Alkohol untermischen.
Den Teig über die Kirschen geben, mit Zucker bestreuen und etwa 20 Minuten im Ofen backen.

Weitere 5 Minuten unter dem Grill des Ofens goldbraun überbacken. Aus dem Ofen nehmen, mit den gehackten Pistazien bestreuen und lauwarm servieren.

GEBACKENE BANANEN MIT HONIG UND RUM

VORBEREITUNGSZEIT: 15 MIN.
KOCHZEIT: 35 MIN.
PERSONEN: 4

- 50 g Orangenhonig
- Saft von 1 Limette
- 2 EL brauner Rum
- 1 Orange
- 4 Bananen
- 1 Handvoll gehackte Haselnüsse
- Fleur de Sel

Den Backofen auf 180 °C vorheizen.

Honig, Limettensaft und Rum in einer kleinen Schüssel verrühren. Die Orange in dünne Scheiben schneiden und auf dem Boden einer Auflaufform verteilen. Die Bananen längs aufschneiden und auf die Orangen legen. Die Bananenschalen vorsichtig aufspreizen und den Honigsirup auf die Bananen gießen. Mit gehackten Haselnüssen und Fleur de Sel bestreuen. Etwa 35 Minuten im Ofen backen.

TIPPS & TRICKS
Lauwarm servieren. Dazu nach Belieben eine Kugel Vanilleeis oder Rumrosinen reichen.

POCHIERTE BIRNEN MIT HONIGSIRUP UND EISENKRAUT

VORBEREITUNGSZEIT: 30 MIN.
KOCHZEIT: 45 MIN.
KÜHLZEIT: 2 STUNDEN
PERSONEN: 4

- 4 Birnen (Conference)
- 1 Zitrone
- 1 Vanilleschote
- 1 l Wasser
- 1 Handvoll Eisenkraut-Teeblätter
- 150 g Lindenhonig
- 3 Sternanis
- 1 Zimtstange

Die Birnen schälen und mit Zitronensaft beträufeln. Die Vanilleschote längs aufschneiden, das Mark auskratzen und die Schote aufbewahren.

Das Wasser aufkochen, den Herd ausschalten und die Teeblätter zugeben. 3 Minuten ziehen lassen, dann den Tee durch ein Sieb gießen.

Birnen, Honig, Sternanis, Zimtstange, Vanillemark und -schote zufügen und bei kleiner Hitze kurz aufkochen. Den Topf mit etwas Alufolie abdecken und 25–30 Minuten köcheln. Die Birnen herausheben und den Sirup noch einige Minuten einkochen.

Die Birnen mit dem Sirup übergießen und bei Zimmertemperatur abkühlen lassen. Mindestens 2 Stunden im Kühlschrank kalt stellen. Eiskalt servieren.

TIPPS & TRICKS

Achten Sie darauf, dass die Birnen immer von Flüssigkeit bedeckt sind, da die überstehenden Teile sonst braun werden.
Sie können die Birnen zu griechischem Joghurt oder Eis mit einigen Kekskrümeln oder frischen Eisenkrautblättern servieren.
Der Eisenkrauttee kann auch durch jeden anderen Tee oder Aufguss Ihrer Wahl ersetzt werden.

PROPOLIS-HONIG-BONBONS

VORBEREITUNGSZEIT: 15 MIN.
KOCHZEIT: WENIGER ALS 1 MIN.
RUHEZEIT: 2 STUNDEN
FÜR ETWA 20 BONBONS

- 5 Gelatineblätter (10 g)
- 40 ml frisch gepresster Orangensaft
- 100 g Akazienhonig
- 30 Tropfen reine Propolistinktur

Die Gelatineblätter etwa 10 Minuten in einer Schüssel mit eiskaltem Wasser einweichen.

Orangensaft, Honig und Propolistinktur verrühren. 3 Esslöffel dieser Mischung in einen Topf geben und erhitzen. Sobald die Flüssigkeit aufkocht, den Herd ausschalten und die abgegossene und ausgedrückte Gelatine unterrühren.

Die restliche Honigmischung einrühren und die Masse in Bonbonformen aus Silikon gießen. Die Bonbons mindestens 2 Stunden im Kühlschrank aushärten lassen. Aus der Form lösen.

Die Bonbons in einem Schraubglas im Kühlschrank aufbewahren.

HONIGKNUSPERSNACKS MIT SCHOKOLADE
(SEA FOAM CANDY / „SCHAUMBONBONS")

VORBEREITUNGSZEIT: 35 MIN.
KOCHZEIT: 10 MIN.
RUHEZEIT: 30 MIN.
PERSONEN: 10

- Pflanzenfett
- 350 g Puderzucker
- 115 g Akazienhonig
- 65 ml Wasser
- 1 EL Backpulver

Für die Glasur:
- 150 g dunkle Schokolade
- 10 ml Sonnenblumenöl

Eine quadratische Backform (etwa 20 x 20 cm) mit Backpapier auslegen und leicht einfetten.

Zucker, Honig und Wasser in einem hochwandigen Topf verrühren und vorsichtig auf 150 °C erhitzen. Der Sirup sollte eine goldbraune Farbe annehmen.

Vom Herd nehmen und das Backpulver kräftig einrühren. Die Mischung quillt unter kräftigem Sprudeln auf. Sofort in die Form gießen. Etwa 30 Minuten abkühlen und aushärten lassen.

Die Schokolade mit dem Öl im Wasserbad zerlassen. Den Honigbiskuit in Stücke brechen und in die Schokolade tauchen. Auf Backpapier legen und die Schokolade aushärten lassen. In einem verschlossenen Behälter aufbewahren.

TIPPS & TRICKS

Sie können auch eine Version ohne Schokolade zubereiten: Die Kekse sollten unbedingt in einem gut verschlossenen Behälter aufbewahrt werden, da sie hygroskopisch sind, das heißt, sie nehmen Feuchtigkeit aus der Luft auf und werden, sobald sie mit Luft in Kontakt kommen, weich und matschig.
Die chemische Reaktion mit dem Backpulver ist beeindruckend: Die Mischung vergrößert ihr Volumen beinah um das Fünffache. Daher ist ein hochwandiger Topf besonders wichtig, damit nichts überkocht.
Die außergewöhnliche Textur dieser Kekse wird sie überraschen: Die Amerikaner nennen sie *Sea Foam Candy*, was man mit »Schaumbonbons« übersetzen kann. Diesen Namen tragen sie zurecht: leicht und knusprig erinnern sie an die Schaumkronen großer Wellen, die an windigen Tagen an den Strand rollen!

POPCORN MIT WALDHONIGBUTTER

VORBEREITUNGSZEIT: 15 MIN.
KOCHZEIT: 15 MIN.
FÜR 1 GROSSE SCHÜSSEL POPCORN

- 2 EL Pflanzenöl
- 100 g Popcornmais
- 50 g Butter
- 80 g Waldhonig
- 1 Prise Fleur de Sel
- ½ TL Backpulver

Das Öl in eine große Pfanne geben und die Maiskörner zugeben. Gleichmäßig auf dem Pfannenboden verteilen, sodass die Körner nicht übereinander, sondern alle nebeneinander auf dem Pfannenboden liegen.

Mit aufgelegtem Deckel erhitzen: Die Körner ploppen nach und nach auf. Sobald kein Aufploppen mehr zu hören ist, die Pfanne vom Herd nehmen und das Popcorn in eine große Schüssel füllen.

Die Butter in einem kleinen Topf zerlassen, bis sie ein nussiges Aroma verströmt und leicht Farbe angenommen hat. Den Honig zugeben und einrühren. Fleur de Sel und Backpulver untermischen. Sobald die Mischung schäumt und aufquillt, sofort über das Popcorn gießen. Sorgfältig durchmengen, bis das Popcorn rundum mit Karamell überzogen ist. Sofort servieren!

ZITRONENMUFFINS MIT BLÜTEN-POLLEN UND HONIG

VORBEREITUNGSZEIT: 15 MIN.
KOCHZEIT: 20 MIN.
FÜR 10 MUFFINS

- 120 g Thymianhonig
  + 3 EL zum Bestreichen
- 130 ml Milch
- 75 g Mandelmus
- 50 ml Zitronensaft
- abgeriebene Schale von 1 Zitrone
- 200 g Mehl
- 1 Prise Salz
- 1 Tütchen Backpulver
- 2 EL Blütenpollen
  + etwas mehr zum Bestreuen

Den Backofen auf 200 °C vorheizen.

Honig, Milch, Mandelmus, Zitronensaft und -schale in einer Schüssel verrühren. Mehl, Salz, Backpulver und Blütenpollen zugeben und alles zu einem glatten Teig verarbeiten. Den Teig in 10 Muffinformen füllen, mit Blütenpollen bestreuen und 20 Minuten im Ofen backen.

Die Muffins aus dem Ofen nehmen und mit Honig bestreichen. Lauwarm schmecken diese Muffins am besten!

TIPPS & TRICKS

Die Pollen haben einen sehr ausgeprägten Eigengeschmack, was vielleicht nicht jedermanns Sache ist! Probieren Sie sie vorsichtshalber vor der Verwendung und passen Sie die Menge Ihrem Geschmack an.
Selbst ohne Butter sind diese Muffins schön zart und leicht süß, aber wahrscheinlich nicht ganz so, wie Sie es gewohnt sind: Durch das Bestreichen mit Honig nach dem Backen erhalten sie eine zusätzliche Süße und glänzen herrlich.
Sie können den Thymianhonig auch durch Akazienhonig oder sogar Lavendelhonig ersetzen.
Um die Nährstoffe der Blütenpollen zu nutzen, sollten Sie die Muffins erst nach der Honigglasur bestreuen. So bleiben die Pollen roh und ihre Vitamine und Mineralien erhalten.

HONIG-FINANCIERS MIT TONKABOHNE
(GLUTEN- UND ZUCKERFREI)

VORBEREITUNGSZEIT: 15 MIN.
KOCHZEIT: 15–20 MIN.
FÜR 10 FINANCIERS

- 3 Eiweiß (90 g)
- 150 g gemahlene Haselnüsse
- 115 g Lindenhonig
- ¼ Tonkabohne
- 50 g Butter
- 1 Handvoll gehackte Haselnüsse

Den Backofen auf 170 °C vorheizen.

Eiweiß, gemahlene Haselnüsse, Honig und geriebene Tonkabohne verrühren.

Die Butter in einem kleinen Topf zerlassen, bis sie eine goldbraune Farbe angenommen hat. Einige Minuten abkühlen lassen, dann auf die Haselnussmasse gießen und sorgfältig einarbeiten.

Den Teig auf die Financierformen verteilen, mit den gehackten Haselnüssen bestreuen und 15–20 Minuten backen, bis die Financiers an den Rändern goldbraun sind.

Aus den Förmchen heben und auf einem Rost abkühlen lassen.

TIPPS & TRICKS

Zartheit und Geschmack dieser Financiers wird Sie überraschen! Sie werden mit viel weniger Fett und Zucker zubereitet als ihre „traditionelle" Variante, die doppelt so viel Butter und sehr viel Puderzucker enthält.
Hier übernimmt der Honig die Aufgabe des Zuckers. Ich habe Lindenhonig verwendet, zum einen wegen seines delikaten und leicht minzigen Aromas, zum anderen, weil er sehr flüssig ist und sich dadurch mit den anderen Zutaten besser verbindet.

KASTENKUCHEN MIT HONIG, INGWER, APFEL UND BUCHWEIZEN
(OHNE BUTTER, ZUCKERFREI)

VORBEREITUNGSZEIT: 15 MIN.
KOCHZEIT: 45–50 MIN.
PERSONEN: 8

- 150 g Buchweizenhonig
- 1 Ei
- 50 g Kokosöl
- 1 griechischer Joghurt (150 g)
- 1 EL brauner Rum
- 220 g Mehl
- ½ Tütchen Backpulver (6 g)
- 1 TL gemahlener Ingwer
- ½ TL Zimtpulver
- 1 Prise Salz
- 2 Äpfel
- 2 EL geröstete Buchweizenkörner

Den Backofen auf 170 °C vorheizen.

Honig und Ei verrühren. Zerlassenes Kokosöl, Joghurt und Rum untermischen.

Alle trockenen Zutaten (bis auf die Buchweizenkörner) zugeben und alles zu einer glatten Masse verarbeiten. Die Äpfel schälen, in sehr dünne Scheiben schneiden und unter den Teig mischen.

Den Teig in eine mit Backpapier ausgelegte Kastenform gießen, mit Buchweizenkörnern bestreuen und 45–50 Minuten backen.

Lauwarm servieren.

TIPPS & TRICKS

Ist der Honig zu fest, um mit dem Ei verrührt werden zu können, erwärmen Sie ihn einige Minuten in einem Wasserbad oder in der Mikrowelle: So lässt er sich besser einarbeiten.
Für einen intensiveren Ingwergeschmack fügen Sie dem Teig 30 g in kleinste Würfel geschnittenen eingelegten Ingwer hinzu.
Sie können den Garzustand des Kuchens überprüfen, indem Sie ein Holzstäbchen in den Kuchen stecken: Es sollte sauber wieder herauskommen, ohne dass Teigreste an ihm haften.

Hier erfüllt der Honig mehrere Aufgaben: Einerseits ersetzt er den Zucker, der für die meisten Kuchenrezepte in großen Mengen verwendet wird. Zum anderen ist es die Honig-Ingwer-Mischung die Fett und Butter überflüssig und den Kuchen dennoch geschmeidig und locker macht: Die beiden Aromen verbinden sich perfekt, ohne einander zu überlagern.
Die Buchweizenkörner schließlich verleihen dem Kuchen eine knusprige und leicht nussige Note.

ZITRONENBAISERKUCHEN „100% HONIG"
(OHNE BUTTER, ZUCKERFREI)

VORBEREITUNGSZEIT: 1 STUNDE
KOCHZEIT: 40 MIN.
KÜHLZEIT: 3 STUNDEN
PERSONEN: 6

Für den Teig
- 60 g Kokosöl
- 50 g Akazienhonig
- 1 Ei
- 1 EL Wasser
- 160 g Mehl
- 1 Prise Salz

Für die Creme
- 3 Eier
- 1 EL Maisstärke
- 200 ml Zitronensaft (von etwa 4 Zitronen)
- abgeriebene Schale von 2 Zitronen
- 90 g Sonnenblumenhonig
- 30 g Kokosöl

Für das Baiser
- 170 g Akazienhonig
- 80 ml Wasser
- 2 Eiweiß
- 1 Prise Salz

Für den Teig Kokosöl und Honig in einer Schüssel verrühren. Ei und Wasser sorgfältig untermischen. Mehl und Salz einarbeiten. Den Teig zu einer Kugel formen, flachdrücken, in Frischhaltefolie einwickeln und etwa 1 Stunde im Kühlschrank ruhen lassen.

Den Backofen auf 180 °C vorheizen.

Den Teig auf einer bemehlten Arbeitsfläche etwa 2–3 mm dick ausrollen und in einer runden, leicht eingeölten Kuchenform (Durchmesser 20 cm) auslegen. Die überstehenden Teigränder wegschneiden. Den Kuchenboden mit Backpapier belegen und mit getrockneten Bohnen beschweren. 20 Minuten im Ofen backen. 5 Minuten vor Ende der Backzeit das Papier und die Bohnen entfernen. Auf einem Rost abkühlen lassen.

Für die Creme Eier und Maisstärke in einer Schüssel verquirlen. Zitronensaft und -schale mit dem Honig in einem Topf erhitzen. Sobald die Mischung kocht, zur Eimasse gießen, dann alles wieder in den Topf füllen und einige Minuten köcheln, bis die Mischung ein wenig eingedickt ist. Das Kokosöl zugeben und sorgfältig unterrühren. Die Masse gleichmäßig auf dem Kuchenboden verteilen. Die Oberfläche glattstreichen und den Kuchen mindestens 2 Stunden kalt stellen.

Kurz vor dem Servieren das Baiser zubereiten. Honig und Wasser in einem Topf verrühren und auf 110 °C erhitzen. In der Zwischenzeit das Eiweiß mit dem Salz zu Eischnee schlagen. Sobald der Sirup eine Temperatur von 118 °C erreicht hat, vom Herd nehmen und unter weiterem Schlagen in den Eischnee einarbeiten. Weiterschlagen, bis das Baiser abgekühl ist. Die Masse sofort auf dem Kuchen verteilen und mit dem Flambierbrenner bräunen.

TIPPS & TRICKS
Lassen Sie sich nicht von diesem scheinbar komplizierten Rezept abschrecken: Mit etwas Geduld und Sorgfalt wird Ihnen dieser Klassiker der französischen Backkunst zweifelsfrei gelingen ... hier allerdings eine gesunde und naturbelassene Version! Der Honig ist der gesunde Zuckerersatz, während das Kokosöl die Butter ersetzt und dem Kuchen eine leicht exotische Note verleiht.

FROZEN SCHAFSJOGHURT MIT HONIG, MOHN UND HEIDELBEEREN

VORBEREITUNGSZEIT: 15 MIN.
KOCHZEIT: 15 MIN.
RÜHRZEIT: 20–30 MIN.
PERSONEN: 4

- 30 g Blaumohn
- 60 g Kastanienhonig
  + 4 TL zum Garnieren
- 600 g Schafsjoghurt
- 300 g Heidelbeeren
  (oder andere rote Beeren)

Den Backofen auf 180 °C vorheizen.

Ein Backblech mit Backpapier belegen. Den Blaumohn darauf verteilen und etwa 15 Minuten im Ofen rösten. Aus dem Ofen nehmen und abkühlen lassen.

Honig und Joghurt verrühren. Den abgekühlten Blaumohn untermischen. Die Mischung in eine Eismaschine geben und 20–30 Minuten cremig rühren.

Das Eis auf vier kleine Schälchen verteilen, mit Heidelbeeren und je 1 Teelöffel Honig garnieren. Sofort servieren.

TIPPS & TRICKS

Kastanienhonig ist sehr kräftig und besitzt eine eigenwillige Note. Sie können ihn durch eine mildere Sorte wie beispielsweise Akazienhonig ersetzen.
Verwenden Sie vorzugsweise flüssigen Honig, der sich leicht mit dem Joghurt verrühren lässt: Ist er zu fest, sollten Sie ihn vorher im heißen Wasserbad verflüssigen und mit 2 Esslöffeln Joghurt sorgfältig verrühren, bevor Sie den restlichen Joghurt zugeben. So verhindern Sie, dass die auf einmal zugegebene kalte Masse den Honig wieder verfestigt und das Eis krümelig wird.
Für noch mehr Raffinesse sorgt ein Knuspermüsli mit Honig (siehe Seite 101), das Sie über den Frozen Joghurt streuen können.

LIMONADE MIT HONIG, MINZE UND THYMIAN

VORBEREITUNGSZEIT: 10 MIN.
KOCHZEIT: 5 MIN.
KÜHLZEIT: 3 STUNDEN
PERSONEN: 4

- ½ Bund Minze
- 4 Zweige Zitronenthymian
- 1 unbehandelte Limette
- 2 unbehandelte Zitronen
- 50 g Zitrushonig
- 1,5 l Mineralwasser

Minze und Thymian waschen. Die Limette in dünne Scheiben schneiden. Minzeblätter, Thymian und Limettenscheiben in eine Flasche mit breiter Öffnung oder in einen Krug füllen.

Die Zitronen schälen und auspressen. Die Schalen mit Zitronensaft und Honig in einen Topf geben. Auf kleinem Feuer erhitzen (die Mischung darf nicht kochen), bis der Honig sich verflüssigt hat. In den Krug oder die Flasche füllen. Mit dem Mineralwasser auffüllen und mindestens 3 Stunden im Kühlschrank kalt stellen.

Sehr kalt mit Eiswürfeln servieren.

TIPPS & TRICKS

Sie können das Mineralwasser auch durch stilles Wasser ersetzen. So erhalten Sie eine weniger prickelnde, aber ebenso geschmackvolle Variante.
Die Naschkatzen unter uns dürfen gerne 20–30 g Honig mehr zugeben.
Hier spielen wir mit den vielseitigen Aromen der Zitrone, indem wir stark duftenden Zitrushonig mit seinem intensiven Aroma mit würzigem Zitronenthymian und den herrlichen Säurenoten von Zitrone und Limette miteinander kombinieren. Fertig ist ein Getränk, dass unsere nach Frische dürstenden Geschmacksknospen verwöhnt!
Genießen Sie diese Limonade unbedingt noch am selben Tag: Lassen Sie sie nicht zu lange ziehen, andernfalls kann sie durch die Limettenscheiben allzu bitter werden.

HEISSER INGWER

VORBEREITUNGSZEIT: 5 MIN.
KOCHZEIT: 5 MIN.
PERSONEN: 4

- 3 Zitronen
- 3 cm frischer Ingwer
- 1 l Wasser
- 100 g Tannenhonig

Die Zitronen mit einem Sparschäler schälen und 1 Zitrone auspressen. Den Ingwer schälen und in feine Scheiben schneiden.

Wasser, Zitronenschalen und -saft, Ingwer und Honig in einen Topf geben und aufkochen. Den Herd ausschalten, 3–4 Minuten ziehen lassen und servieren.

TIPP
Sie können die Honigmenge ganz nach Ihrem Geschmack variieren. Dieses „wärmende" Getränk eignet sich bei allen kleineren Herbst- und Winterwehwehchen (Halsschmerzen, Husten …).

RUM-ANANAS MIT ZITRONE UND HONIG

VORBEREITUNGSZEIT: 15 MIN.
KEINE KOCHZEIT
FÜR 1 LITER

- 6 cm frischer Ingwer
- 1 Ananas
- 2 Zitronen
- 10–12 schwarze Pfefferkörner
- 150 g Rosmarinhonig
- 1 l weißer Rum

Ingwer und Ananas schälen und in dünne Scheiben schneiden. Die Zitronen halbieren.

Früchte, Ingwer und Pfefferkörner in einen großen Krug geben.

Den Honig in etwas Rum auflösen und in den Krug gießen. Mit dem restlichen Rum auffüllen. Bei Zimmertemperatur mindestens 3 Wochen ziehen lassen. Dann erst servieren.

TIPPS & TRICKS
Sinkt der Rumpegel nach und nach ab, dürfen Sie gerne neuen Rum nachfüllen!
Ich verwende Rosmarinhonig, weil er flüssig und mild aromatisch ist. Sie können sich alternativ auch für Akazien- oder Lindenhonig entscheiden.

BIOGRAFIEN

Julien Henry ist Imker und Direktor des „La Maison du Miel" in Paris, einer mehr als 100 Jahre alten und im Inventar der historischen Denkmäler der Stadt Paris aufgeführten Institution. „La Maison du Miel" ist weltweit für die Qualität seines Sortiments bekannt und beliefert Spitzenrestaurants und -konditoreien in Frankreich und der Welt.
www.maisondumiel.fr

Die freiberufliche Journalistin **Camille Labro** ist auf Argrarerzeugnisse sowie Landwirtschaft und Nutzpflanzen spezialisiert. Überzeugt davon, dass wir die Welt durch die Art unserer Ernährung verändern können, macht sie sich für ökologische Ansätze in Landwirtschaft und Handwerk stark. Sie schreibt regelmäßig für die französische Tageszeitung Le Monde und ist insbesondere Autorin diverser Kochbücher, Porträt- und Rezeptsammlungen kleiner, auf Nachhaltigkeit orientierter Verlage.

Noémie Strouks Leidenschaft für das Kochen führte sie nach einem Agrartechnikstudium zu einer beruflichen Weiterbildung als Köchin sowie im folgenden Jahr als Konditorin an der renommierten École Ferrandi. Wenn sie nicht hinter dem Herd steht, verbringt sie ihre Zeit bei Produzenten oder auf Märkten mit der Suche nach den allerbesten Zutaten. Unabhängig davon, ob die Rezepte salzig oder süß sind, der rote Faden ist immer derselbe: die Verbesserung des Geschmacks durch Verwendung der besten Zutaten, die die Natur uns bietet!

Layout und Satz: Terre-lune
Redaktionssekretariat der französischen Originalausgabe: Sophie Greloux